葡語國家研究論叢　01
Coleções de Estudos sobre os Países de Língua Portuguesa

葡語國家瞭望 上輯
葡萄牙篇
Observatório do Mundo Lusófono

柳嘉信／主編

Mar Cantábrico

Portugal

Atlântico Norte

巨流圖書公司印行

葡語國家研究論叢 01

葡語國家瞭望（上輯）：
葡萄牙篇

國家圖書館出版品預行編目（CIP）資料

葡語國家瞭望（上輯）：葡萄牙篇 / 柳嘉信主
　編. -- 初版. -- 高雄市：巨流圖書股份有限
　公司, 2022.12
　　面 ； 公分. --（葡語國家論叢；1）
　ISBN 978-957-732-680-5（平裝）

1.CST:區域研究 2.CST:文集 3.CST:葡萄牙

746.207　　　　　　　　　　111019591

總 顧 問	葉桂平
主 　 編	柳嘉信
責 任 編 輯	李麗娟
封 面 設 計	薛東榮
發 行 人	楊曉華
總 編 輯	蔡國彬
出 　 版	巨流圖書股份有限公司
	802019高雄市苓雅區五福一路57號2樓之2
	電話：07-2265267
	傳眞：07-2233073
	e-mail: chuliu@liwen.com.tw
	網址：http://www.liwen.com.tw
編 輯 部	100003臺北市中正區重慶南路一段57號10樓之12
	電話：02-29229075
	傳眞：02-29220464
郵 撥 帳 號	01002323 巨流圖書股份有限公司
	購書專線：07-2265267轉236
法 律 顧 問	林廷隆律師
	電話：02-29658212
出 版 登 記 證	局版台業字第1045號

ISBN 978-957-732-680-5（平裝）
初版一刷 · 2022 年 12 月

定價：350 元

叢書系列
總顧問序

澳門城市大學葡語國家研究院自 2017 年起，致力於開展葡語國家區域及國別研究高等研究人才的培養，專注於葡語國家發展與治理、國際關係方面的議題研究。在研究院團隊全體學者齊心協力的辛勤耕耘之下，迄今已經培養了百餘名區域國別研究學科的碩博青年人才，也展現了龐大的葡語國家研究科研能量。

為了更好呈現研究院在葡語國家區域及國別研究人才培養的成果積累，在澳門特別行政區政府教育和青年發展局和高等教育基金（現更名為教育基金）的「中葡人才培訓及教研合作專項資助計畫」支持下，自 2020 年起，本人偕同研究院團隊柳嘉信、周平、吳玉嫻三位博士，帶領多位研究院博、碩士學生共同投入葡語國家國別研究方面學術研究成果的撰寫。經過這段日子以來研究院師生日以繼夜的努力，如今這項師生共作的學術成果結晶終於得以問世。本人欣見青年學者在投身學術研究的蓬勃朝氣，值此時機，應叢書總主編柳博士之邀為本系列叢書的面世作序。

隨著「區域國別學」成為國家一級學科，國別區域研究受到國內高校重視並紛紛設立相關研究基地、研究院、研究中心，發展勢頭令人矚目。國別區域研究屬於新興的「跨學科」研究領域，通過不同學科的理論和方法論在同一學術平台上進行多學科協同，方能將複雜的域外知識體系清楚梳理，拼出一幅關於相關國家或地區的全貌，更有助於促進與全球各區域之間的「民心相通」。當今世界一流的國別區域研究機構，都是針對某一地區或某個國家的跨學科、綜合性研究平台，其成果涉及許多學科和領域。澳門城市大學葡語國家研究院作為全球迄今唯一開設葡語國家研究高等學位課程的學術機構，一直嚴格遵循國家憲法和特區

基本法規範，秉持「愛國愛澳」的精神，服務對葡語國家研究和交流需求，為推動澳門參與「一帶一路」建設、助力中國與葡語國家交往合作貢獻智力，經過多年來的努力，人才培育和學術成果積累已可見到初步的成果，今日諸君手中這本論著即可做為明證。

欣見本「葡語國家研究論叢」中的《葡語國家瞭望》叢書終得順利出版，期許葡語國家研究作為澳門特區一個特色鮮明的區域國別學學科發展方向的同時，研究院師生能持續在此領域秉持做精做深的為學態度，有更多的特色優質成果產出，為這個系列叢書繼續添柴加薪。

葉桂平

澳門城市大學副校長

葡語國家研究院院長、教授、博士

叢書介紹

（代總主編序）

　　國別區域研究（Area Studies）源自世界整體化進程中，各國順應對外交往中的現實需求，而對領域外知識的一種常識性探究和知識體系的構建，開拓了知識創新的新天地。這樣的知識探究，涵蓋面涉及自然地理、風土人情、政治文化和宗教信仰等人類生活的大多數領域，是不同民族和文明互動交流的產物。這種通過互動所產生的知識創新研究，能幫助一個國家從封閉走向開放、從局部走向世界。

　　數百年來，澳門做為中國和全球文化的交融之地，更肩負著東、西方交匯的橋頭堡，與葡語系國家有著特殊而深厚的淵源。基於這樣的歷史淵源，自 1999 年回歸中國以來，澳門便被賦予了肩負著促進中國與葡語國家間關係中的平台功能；除了推動中國和葡語系國家經貿文教等諸多方面的實質關係發展，深化對葡語國家國別研究也成為澳門的一項「顯學」。然而，放眼全球範圍有關葡語國家的學術研究成果，多數仍以葡語、英語或其他外語著述為主，中文著述相對較少，對於廣大華文讀者認識葡語國家形成一定的阻礙，這也成為了催生此套叢書的初衷和濫觴。

　　在葉桂平副校長兼院長的指導下，澳門城市大學葡語國家研究院充分結合自身在培養葡語國家國別研究之高等人才的獨特優勢，透過師生共作的方式投入更大的研究能量，將葡語國家當前的重點議題的研究成果以「葡語國家研究論叢系列專著」學術叢書形式產出；除了可厚植研究葡語國家國別研究的學術量能，上述學術成果出版更可彌補當前全球華文出版界中對於葡語國家國別研究相關書籍相對不足。同時，本叢書作為研究院從事葡語國家研究高等研究專才培養的首部階段性學術成果，並將此階段的成果以「葡語國家研究論叢系列叢書」定名，期許研

究院未來能持續再接再厲，有更多的青年學者能在師長的指導下，呈現更多師生合作的葡語國家區域及國別學術研究成果。

　　本叢書名為《葡語國家瞭望》，顧名思義，這套叢書的內容圍繞著葡語國家政法、社經、文教、商貿等多元層面，開展進一步的專題研究。在本人與周平博士、吳玉嫻博士兩位同僚先進的共同帶領下，研究院師生共組團隊合力完成，多位研究院博、碩士生參與了以葡語國家為核心的多種跨學科議題的研究，並將相關成果集結成書。叢書以上、中、下三冊的篇幅，分別針對葡萄牙、巴西、亞非葡語國家等三部分為主軸，共同集結成為一個系列叢書；舉凡國家政法、社經、文教、商貿等方面相關議題，以及相關國家與中國的各方面關係進行研析。青年學者們的功底誠然尚在積蓄階段，但對於新興學科所抱持的研究熱情，卻是讓人感動且興起呵護之情；期盼通過《葡語國家瞭望》的出版問世，不但能讓此研究熱情的火苗能激勵更多年輕人投身相關研究的行列，更有助於發揮並提高本澳學界在葡語國家國別研究的影響力，並對於扮演「中國與葡語國家商貿合作服務平台」角色的澳門，提供更多的學術參考。

　　在這段成書的漫長過程當中，除了有每篇章共同作者在文字上的辛勤耕耘，同時更有中國社會科學研究院江時學教授、淡江大學國際事務學院卓忠宏教授等先進在學術上給予寶貴諮詢及編審協助，特此致以最高的謝忱。楊茁、呂春賀、郭文靜、曹媛媛、宋熹霞、張昕媛等多位編輯團隊成員在不同階段的付出，以及巨流圖書公司李麗娟經理在成書過程給予各方面的諸多協助，也是本叢書問世之際必須提及和致上感謝的。

柳嘉信

《葡語國家瞭望》叢書總主編

澳門城市大學葡語國家研究院助理教授、博士

目次
contents

Chapter 1

葡萄牙非物質文化遺產初探：
地中海飲食文化

A Preliminary Study of Portuguese Intangible Heritage: The Mediterranean Diet

柳嘉信、張開陽、曹媛媛、汪思羽

Eusebio C. Leou, Kaiyang Zhang, Yuanyuan Cao, Siyu Wang

本章提要

　　源自環地中海地區國家的「地中海飲食」獲得醫學、營養學研究者的推崇，成為一種受到推崇的健康飲食模式，同時也成為環地中海區域七個國家所共同擁有的世界非物質文化遺產。然而，在七國當中唯一地理位置位濱臨地中海的葡萄牙何以會成為地中海飲食文化的範圍，相對引人好奇。本文將從歷史、文化和區域研究觀點出發，先從飲食文化成為非物質文化遺產的概念形成和實例談起，再從地中海飲食的發展起源和它在健康、文化方面的影響加以介紹，同時對於地中海飲食成為世界非物質文化遺產的原因及意義進行探討。隨後，本文將從葡萄牙飲食特徵和飲食文化出發，通過一系列的分析和實證研究，探討葡萄牙飲食和地中海飲食之間的關係。

關鍵詞：地中海飲食、非物質文化遺產、葡萄牙、飲食文化

Abstract

　　The "Mediterranean Diet" originated from countries around the Mediterranean region has been highly praised by medical and nutritional researchers, and has become a well-respected healthy eating pattern. At the same time, it has also become a world intangible cultural heritage shared by seven countries around the Mediterranean region. However, it is relatively intriguing why Portugal, the only one of the seven countries that is geographically located on the Mediterranean Sea, has become the sphere of Mediterranean food culture. From the perspectives of historical, cultural and regional studies, this article started with the formation and example of the concept of food culture becoming intangible cultural heritage, and then introduce the origin of the development of the Mediterranean diet and its impact on health and culture. The reasons and significance of the Mediterranean diet becoming the world's intangible cultural heritage are discussed. Then, starting from the characteristics and food culture of Portugal, this preliminary study tried to explore the relationship between the Portuguese diet and the Mediterranean diet through a series of analysis and empirical research.

Key Words: Mediterranean Diet, Intangible Cultural Heritage, Portugal, Food Culture

一、前　言

「飲食（Diet）」一詞相傳是源自古典希臘語「δίαιτα（díaita）」，最初的意思是「生活方式（way of living）」。而在二十世紀中葉開始被提出的「地中海飲食（Mediterranean Diet）」概念，由於它的正面價值在營養學、醫學等方面被廣泛的認可，這種原產於環地中海地區的地區性飲食習慣開始受到全球矚目和提倡，連帶著也讓「地中海飲食」背後所涉及有關農業技術、漁業、畜牧業、保護、加工、準備等方面的生活習慣，尤其是食物分享和消費有關的專有技術、知識、儀式、符號和傳統，開始引起世人的關注和研究。

進一步探索「地中海飲食」成分當中，對於改善心血管健康相關的成分，大致可歸納包括了以下幾個特點：低度攝取肉類和肉製品；適量攝取在葡萄酒當中的乙醇；以及大量攝取蔬菜、水果、堅果、豆類、魚和橄欖油。隨著「地中海飲食」在預防心血管疾病方面的有效性獲得許多科學研究證實之後，「地中海飲食」開始受到了全球營養學、醫學方面的高度重視，更成為世界衛生組織所認可的一種健康飲食結構（Renzella et al., 2018）。由於諸多研究成果的推崇，使得肩負促進全球人類健康使命的世界衛生組織對於「地中海飲食」的推廣和宣導向來不遺餘力。

除了在營養學、醫學方面獲得的肯定，2013 年 12 月聯合國教科文組織正式將環地中海區域包含義大利、摩洛哥、西班牙、葡萄牙、希臘、賽浦路斯及克羅埃西亞等多個國家所共同申報的「地中海飲食」列入為人類非物質文化遺產（Intangible Cultural Heritage）（8.COM 8.10）（UNESCO, 2013b），也說明了「地中海飲食」本身的價值已經超越了營養、保健、科學等方面的範圍，更進一步擴及此種飲食習慣背後所涵

蓋的文化價值[1]。儘管葡萄牙的地理位置並沒有直接濱臨地中海，但由於地處伊比利半島，在古羅馬帝國時期作為帝國當中行省之一的「盧西塔尼亞（Lvsitania / Lusitania）」，傳統上葡萄牙與其他同屬古羅馬帝國範圍內的環地中海地區，在政治、經濟、文化上有著高度往來和互通，葡萄牙的飲食習慣也與此一區域內今日的西班牙、義大利、希臘等國家，有相當高的相似性，無論從氣候、飲食習慣、文化各方面，葡萄牙從伊比利半島陸地端融入「地中海飲食」的範圍，也使得全國海岸線都緊鄰大西洋的葡萄牙，依然成為「地中海飲食」的故鄉之一。

　　本文將從文化層面探討「地中海飲食」作為葡萄牙與其他國家共有的非物質文化遺產的背景，並梳理葡萄牙飲食文化當中所呈現的「地中海飲食」特徵，呈現葡萄牙飲食文化與「地中海飲食」的共性；本文同時嘗試從營養學觀點，對於葡萄牙代表性的美食進行分析，有助於讀者對於葡萄牙飲食文化有更進一步的了解。

二、世界非物質文化遺產中的飲食文化

　　基於憂心於傳統文化因為人類世代交替過程中，缺乏良好傳承導致失傳，聯合國教科文組織（UNESCO）於 2003 年 10 月頒布了《保護非物質文化遺產公約（the Convention for the Safeguarding of the Intangible Cultural Heritage）》，藉由建立非物質文化遺產的保護機制，對各國保護傳統文化提供資金和技術支援之餘，進一步提高人們的認知。在此公約當中，聯合國教科文組織將「非物質文化遺產（Intangible Cultural Heritage, ICH）」進行了明確的官方定義，對於各種實踐、表演、表現形式、知識體系和技能及其有關的工具、實物、工藝品和文化場所，均可被

---

[1] 地中海飲食列名人類非物質文化遺產的主要原因為："a set of skills, knowledge, rituals, symbols and traditions concerning crops, harvesting, fishing, animal husbandry, conservation, processing, cooking, and particularly the sharing and consumption of food." (UNESCO, 2013)

視為一種文化遺產。根據《保護非物質文化遺產公約》的這些遺產範圍則包括：口頭傳統和表述；表演藝術；社會風俗、禮儀、節慶；有關自然界和宇宙的知識和實踐；傳統工藝技能（第 2 條）（UNESCO, 2003）；而各國的飲食文化和習慣，也因而被視為符合這樣的範圍界定。

2010 年聯合國教科文組織保護非物質文化遺產委員會將「法式美食饗宴（Gastronomic meal of the French）」、「傳統墨西哥料理（Traditional Mexican cuisine- ancestral, ongoing community culture, the Michoacán paradigm）」列名世界非物質文化遺產名錄，首開先例成為自《保護非物質文化遺產公約》生效以來，飲食文化列入世界級非物質文化遺產的濫觴。此後，隨之而來的是引發了國際輿論的廣泛討論，以及世界各國政府群起效尤興起一股熱潮，紛紛將自身飲食文化申報非物質文化遺產，「美食申遺」越趨熱衷。

將幾個列名非遺的飲食文化，從其原因做進一步探討和梳理，可以發現，飲食文化得以成功申遺的評價標準，大致包括了以下條件：家庭世代傳播、社區鄰里共用、促進歸屬感和身分感、增強社區凝聚力；收錄可提高非物質文化遺產的關注度、增進文化間對話；政府加強了文化遺產保護、普及非物質文化遺產；申遺過程民間贊同、民眾廣泛參與等；這樣的原則也反映在許多成功「申遺」的各國美食文化，也成為各國的文化形象。可列舉出的例證中，諸如「法式美食饗宴」是基於「一種社會習俗，用於慶祝個人或團體生活中最重要的時刻」的價值列入非物質文化遺產名錄（5.COM 6.14）（UNESCO, 2010d）；「傳統墨西哥料理」反映了「一個涵括農業、儀式性習俗、古老技藝、烹飪技術和世代相傳風俗和禮節的綜合性文化，包括從種植、收穫到烹飪和飲食等傳統產業鏈，其知識和技術呈現了社區意識、加強社會聯繫與更強的文化認同」（5.COM 6.30）（UNESCO, 2010c）；韓國基於「泡菜反映了鄰里間『分享』的精神，增強了人們之間的聯繫感和歸屬感」，而將泡菜以「大韓民國「Kimjang」醃製及分享泡菜文化」為名成功申遺（8.COM 8.23）（UNESCO, 2013d）；日本料理飲食文化「和食（Washoku）」也以「和食料理營養均衡，體現了日本的四季分明、地理多樣性以及日本人尊重自然的精神，對凝聚整個社會發揮著重要作用」為由，在 2013 年

成功申遺（8.COM 8.17）（UNESCO, 2013c）。而義大利舉世聞名的「披薩（Pizza）」美食，也以「拿坡里『手拋披薩（Pizzaiuolo）』技藝（Art of Neapolitan 『Pizzaiuolo』）」之名於 2017 年成功列名非物質文化遺產（12.COM 11.b.17）（UNESCO, 2017）。

　　至目前為止，各國飲食文化已列入《聯合國教科文組織人類非物質文化遺產名錄》的，筆者大致整理如表 1-1 所示：

📎 表 1-1：以飲食文化列名《聯合國教科文組織人類非物質文化遺產》（Intangible Cultural Heritage, ICH）名錄一覽表（截至 2021 年）

申報會員國	飲食文化非物質遺產名稱	列名時間
法國 France	法式美食饗宴(Gastronomic meal of the French)	2010
墨西哥 México	墨西哥傳統飲食(Traditional Mexican cuisine-ancestral, ongoing community culture, the Michoacán paradigm)	2010
義大利 Italy；西班牙 Spain；希臘 Greece；摩洛哥 Morocco(2010 年入列) 葡萄牙 Portugal；塞浦路斯(賽普勒斯)Cyprus；克羅地亞(克羅埃西亞)Croatia(2013 年增列)	地中海美食(Mediterranean Diet)	2010；2013
土耳其 Turkey	Keşkek 飲食傳統 (Ceremonial Keşkek tradition)	2011
日本 Japan	日本傳統飲食文化－和食－以正月新年為例(Washoku, traditional dietary cultures of the Japanese, notably for the celebration of New Year)	2013
韓國 the Republic of Korea	大韓民國「Kimjang」醃製及分享泡菜文化(Kimjang, making and sharing Kimchi in the Republic of Korea)	2013
格魯吉亞(喬治亞) Georgia	古格魯吉亞傳統 Qvevr 釀酒方法(Ancient Georgian traditional Qvevri wine-making method)	2013

申報會員國	飲食文化非物質遺產名稱	列名時間
土耳其 Turkey	土耳其咖啡文化和傳統(Turkish coffee culture and tradition)	2013
亞美尼亞 Armenia	傳統麵包 Lavash 之製作、意涵和展現作為亞美尼亞文化之體現 (Lavash, the preparation, meaning and appearance of traditional bread as an expression of culture in Armenia)	2014
朝鮮（北韓） the Democratic People's Republic of Korea	朝鮮人民共和國泡菜製作傳統(Tradition of kimchi-making in the Democratic People's Republic of Korea)	2015
阿拉伯聯合酋長(大公)國 United Arab Emirates/沙特(沙烏地)阿拉伯 Saudi Arabia/阿曼 Oman/卡塔爾(卡達)Qatar	阿拉伯咖啡(Arabic coffee, a symbol of generosity)	2015
烏茲別克斯坦 Uzbekistan	Palov 飲食文化與傳統(Palov culture and tradition)	2016
塔吉克斯坦 Tajikistan	傳統飲食 Oshi Palav 及其在塔吉克斯坦之社會文化內涵(Oshi Palav, a traditional meal and its social and cultural contexts in Tajikistan)	2016
比利時 Belgium	比利時的啤酒文化 (Beer Culture in Belgium)	2016
馬拉威 Malawi	馬拉威之 Nsima 傳統廚藝 (Nsima, culinary tradition of Malawi)	2017
義大利 Italy	拿坡里「手拋披薩(Pizzaiuolo)」技藝(Art of Neapolitan 'Pizzaiuolo')	2017
阿塞拜疆（亞塞拜然)Azerbaijan	Dolma 食品的製作與分享傳統(Dolma making and sharing tradition, a marker of cultural identity)	2017
阿爾及利亞 Algeria/毛里塔尼亞 Mauritania/摩洛哥 Morocco/突尼西亞 Tunisia	小米 (Couscous) 飲食的製作和食用 (Knowledge, know-how and practices pertaining to the production and consumption of couscous)	2020
馬爾他 Malta	Il-Ftira 麵包製作廚藝文化 (Il-Ftira, culinary art and culture of flattened sourdough bread in Malta)	2020
新加坡 Singapore	新加坡小販(Hawker)文化，體現多元文化背景下居民用餐和廚藝習慣(Hawker	2020

申報會員國	飲食文化非物質遺產名稱	列名時間
	culture in Singapore, community dining and culinary practices in a multicultural urban context)	
義大利 Italy	義大利狩獵和采集松露的傳統知識和做法(Truffle hunting and extraction in Italy, traditional knowledge and practice)	2021
塞內加爾 Senegal	塞內加爾的 Ceebu Jën 廚藝(Ceebu Jën, a culinary art of Senegal)	2021

作者彙總繪製

資料來源：UNESCO-Intangible Culture Heritage（ICH）聯合國教科文組織－非物質文化遺產專頁（https://ich.unesco.org/en/lists）

　　事實上，自從飲食文化開始列名入非物質文化遺產以來，輿論一直存在著諸多的爭議，其中又以有關「正統性」的爭議最常見。當某項飲食文化列名成為某國非物質文化遺產之際，往往就可能會經常遭受「是否正宗」或是「足堪代表」的批評，而這類的批評更經常會發生在一些擁有同樣或相近飲食文化、習慣的區域內鄰近國家。一個著名的例子，便是當 2013 年韓國順利將其傳統醃漬泡菜（김치）飲食文化申遺成功之後（12.COM 11.b.17）（UNESCO, 2017），一線之隔的北韓認為醃漬泡菜的飲食文化不該由南韓所應該獨享，隨即不甘示弱將泡菜文化也立項申報，最後在 2015 年也順利以「朝鮮人民共和國泡菜製作傳統（Tradition of kimchi-making in the Democratic People's Republic of Korea）」之名申遺成功（12.COM 11.b.17）（UNESCO, 2017）；將相同文化起源的飲食傳統分別列名在兩個締約成員國名下的非物質文化遺產，「醃漬泡菜（김치）」堪稱最具代表性的案例。此外，2020 年新加坡將常見諸於東南亞各國的街頭飲食文化，以「小販文化（Hawker Culture in Singapore, Community dining and culinary practices in a multicultural urban context）」成功申報為非物質文化遺產之後（15.COM 8.b.6）（UNESCO, 2020），雖然新加坡官方一再強調「小販文化」的意義並非僅止於滿足口腹之慾的飲食本身，而是更帶有彰顯星國本身多民族、多元文化國家的特質，以及小販飲食中心在多元文化背景下扮演了「社區餐廳（community dining rooms）」的角色，促進多元文化社群之

間互動交流的社會功能價值（National Heritage Board, 2022）；然而，小販飲食文化（Hawker）列名新加坡非物質文化遺產一事，仍引來鄰近同樣擁有相似街頭飲食文化的馬來西亞輿論出現諸多不以為然的觀點，包括了過於貧乏（sterile）、不夠道地[2]、不足以作為街頭小販飲食文化的代表等（New York Times, 2018）。諸如這類有關「是否正宗」或是「足堪代表」的「正統性」問題，未來勢必在一些區域內擁有飲食文化同質性高的國家在申報非遺時仍將出現。

三、世界非物質文化遺產：地中海飲食文化

學界開始留意到「地中海飲食（The Mediterranean Diet）」，最早可以追溯到美國營養學家凱斯（Ancel Benjamin Keys）在 1950 年代針對七個國家進行了一項名為「七國研究（Seven Countries Study, SCS）」的非臨床觀察研究（Observational Study）。這項研究報告針對了義大利、希臘、荷蘭、芬蘭、日本、南斯拉夫（Yugoslavia）和美國等七個國家民眾的飲食模式進行研究，觀察膳食脂肪如何影響血液膽固醇，最終提出了有關飲食中的脂肪含量與罹患心臟病的關聯性的主張（Aboul-Enein et al., 2020）。這項研究報告，是學術界首次出現的多國流行病學研究，也透過這項研究的進行，使得南歐環地中海地區飲食習慣的特徵，開始見諸於全球的目光之下。儘管後續的研究證明膳食脂肪的影響並不如凱斯在「七國研究」所主張，但「七國研究」帶動了國際學界對於「地中海飲食」模式的研究投入，並且指出「地中海飲食」對於心臟的保護作用。此後，經過許多重要的研究成果也確立了「地中海飲食」對於人體保健方面的正面影響。

---

[2] 此類言論大致的論點認為，新加坡的街頭小販飲食已經過度失去了原本街邊小販的特質，包括了集中在特定的飲食中心而非街邊、飲食中心裡裝置了空調設備而非街邊原本的無空調環境、過度的消毒衛生措施不符合街邊小販飲食的環境等。（New York Times, 2018）

（一）定義與申報過程

　　「地中海飲食」是源自於環地中海部分地區及國家（義大利、希臘、西班牙和法國南部）的傳統飲食型態。地中海飲食的膳食結構核心就是平衡的攝取植物性食品，從其使用的食材當中便可看出此項特徵；主要的食材大致包括蔬菜、水果、優質麵包、基本上非加工的天然粗穀物、豆科植物（如黃豆、鷹嘴豆、蠶豆等乾豆或新鮮豆類）、乾果和堅果（如核桃、杏仁、栗子、葡萄乾等）。此外，地中海飲食還有以下幾種特徵：以含不飽和脂肪酸的植物性橄欖油為主要食用油脂來源；用魚類取代紅肉；適度食用乳製品（如奶類、芝士、乳酪、發酵乳）；使用香草代替鹽做為調味品；適度飲用葡萄酒佐餐等特點（Navarro-Tapia et al., 2022; Preedy & Watson, 2020）。

　　2007 年 7 月 16 日，西班牙、希臘、義大利和法國的農業部長向歐盟農業和漁業委員會宣布，他們倡議強調地中海飲食的價值，因此他們打算要求將地中海飲食被聯合國教科文組織列入人類非物質文化遺產名錄。與此同時，地中海飲食通過其與可持續農業、環境、公共衛生和營養、文化和傳統的多功能聯繫，成為各種國家、歐洲和國際論壇上討論和考慮的問題（Dernini, 2008）。2008 年，希臘、義大利、摩洛哥和西班牙等四國共同向聯合國教科文組織提交了跨國申報文件；經過聯合國教科文組織的漫長審議流程，基於地中海飲食是一系列代代相傳的傳統做法、知識和技能之組合，它提供了一種相關社區的歸屬感和連續性；地中海飲食的列名，可以提高非物質文化遺產多樣性的可見度，並促進區域和國際層面的跨文化對話；這樣的結論最終也促成於 2010 年 11 月 16 日的政府間委員會第五次會議（5. COM）中決議，將義大利、西班牙、希臘和摩洛哥所共同申報的「地中海飲食（La Dieta Mediterranea; La Dieta Mediterránea; Μεσογειακή Διατροφή (Mesogiaki Diatrofi); ةخاَّبطلا ةطسوتتممللاةيطاطخ (attibakha al moutaouassittiya)）」列入聯合

國教科文組織的「人類非物質文化遺產」名錄[3]（Decision 5.COM 6.41--5.COM 11.16）（UNESCO, 2010b）。值得一提的是，正當「地中海飲食」順利成為一項跨國共同申報的成功先例的同時，也引起了同屬地中海飲食文化範圍其他國家的關注，包括葡萄牙、塞浦路斯（又譯賽普勒斯）、克羅地亞（又譯克羅埃西亞）等國，都表達了對參與此一項目申報的高度興趣，一方面在各自國內積極著手籌備相關的申報工作，同時也積極展開加入與其他地中海飲食文化範圍內諸國之間的對話協商[4]；包括了各國的地中海飲食特徵、地中海飲食世代相傳的社會功能和文化實踐、與地中海飲食相關的目錄和專業術語清單、地中海飲食的保護措施、相關機構團體的支撐陳述材料、相關的影像資料等。於是，「地中海飲食」這項人類非物質文化遺產更進一步以增列的形式，於 2013 年 12 月 4 日將葡萄牙、塞浦路斯、克羅地亞等國一併列入了「地中海飲食

---

[3] 2010 年 11 月 16 日聯合國教科文組織政府間委員會第五次會議決議編號 5.COM 6.41，根據第 00394 號提名文件中提供的信息，地中海飲食滿足入選代表作名錄的標準如下：

R.1：地中海飲食是一套傳承下來的傳統做法、知識和技能代代相傳，並為他們提供歸屬感和連續性相關社區；

R.2：將其列入《代表作名錄》可以使人們更廣泛地了解其多樣性非物質文化遺產和促進區域和國際的跨文化對話水平；

R.3：提名描述了在每個國家開展的一系列保護工作，以及旨在確保傳播到年輕一代和提高對地中海飲食的認識；

R.4：提名是四個國家官方代表之間密切合作的結果，得到社區積極參與的支持，其中包括後者的自由、事先和知情同意；

R.5：地中海飲食已被列入四個有關國家非物質文化遺產清單，並將被列入一份正在進行中的地中海跨國清單（5.COM 6.41）（UNESCO, 2010a）。

[4] 本文作者從政府間委員會第五次會議決議編號 5.COM 6.41（見本章註 3）中標準 R5 內文當中推論得出，當 2010 年地中海飲食被列入義大利、西班牙、希臘和摩洛哥等四國非物質文化遺產清單時，聯合國教科文組織政府間委員會應已留意到當時區域內其他國家共同參與此一項目的意願，並已在決議文字中預留參與國家進一步擴充的可能性。

（A Dieta Mediterrânica; Μεσογειακή 的隸屬國[5]（8.COM 8.10）
（UNESCO, 2013b）。

　　隨著「地中海飲食」成為環地中海區域七個國家共同擁有的非物質
文化遺產，根據教科文組織的決議，上述每個國家都需以象徵性的方式
選擇具有象徵意義的一座代表聚落（Emblematic Communities），作為在
各自國家維持和維護地中海飲食的社群聚落的例子，將其國內的地中海
飲食文化，詮釋為一種生活方式，並持續分享成果。七個國家的代表聚
落所選擇的城市分別是：Koroni/Coroni（科羅尼，位於希臘）、Cilento
（奇倫托，位於義大利）、Chefchaouen（舍夫沙萬，位於摩洛哥）、
Soria（索里亞，位於西班牙）、Agros（阿格羅斯，位於塞浦路斯／賽普
勒斯）、Brač & Hvar（布拉奇和赫瓦爾，位於克羅地亞／克羅埃西
亞）、Tavira（塔維拉，位於葡萄牙）等七個地中海飲食的代表聚落
（Nomination File No. 00394-2010 & No. 00884-2013）（UNESCO, 2010;
2013）。

（二）公共營養學視角下的地中海飲食習慣

　　Sofi et al.（2008）針對「地中海飲食」、死亡率和慢性病發病率之
間的關係的研究顯示，在 1,574,299 名受試者當中發現，遵循「地中海飲

---

[5]　「地中海飲食」列名為非物質文化遺產，根據教科文組織官方的詳細說明如
　　下：
　　地中海飲食涉及一系列技能、知識、儀式、符號和傳統，涉及作物、收穫、
　　漁業、畜牧業、保護、加工、烹飪，尤其是食物的分享和消費。一起吃飯是
　　整個地中海盆地社區文化認同和連續性的基礎。這是一個社會交流和交流的
　　時刻，是對家庭、群體或社區身分的肯定和更新。地中海飲食強調好客、睦
　　鄰、跨文化對話和創造力的價值觀，以及尊重多樣性的生活方式。它在文化
　　空間、節日和慶典中發揮著至關重要的作用，將不同年齡、條件和社會階層
　　的人們聚集在一起。它包括用於運輸、保存和食用食物的傳統容器的工藝和
　　生產，包括陶瓷盤子和玻璃杯。女性在傳播地中海飲食知識方面發揮著重要
　　作用：她們保護其技術，尊重季節節奏和節日活動，並將元素的價值傳遞給
　　新一代。在日常交流、協議和相互尊重的實踐中，市場作為培養和傳播地中
　　海飲食的空間也發揮著關鍵作用。（8.COM 8.10）（UNESCO, 2013b）

食」的受試者，心血管疾病死亡率減少 9%，癌症死亡率 6%，總體死亡率減少 9%；該研究同時顯示「地中海飲食」不但可降低因心血管疾病及癌症的死亡風險，同時也使得罹患帕金森氏症（Parkinson's Disease）及阿茲海默症（Alzheimer's Disease）的發生率減少 13%。研究結論認為，持之以恆地採用「地中海飲食」，和健康狀況顯著改善之間，具有正相關性；而這樣的結果足以說明，在臨床醫學和公共衛生方面鼓勵採用「地中海飲食」模式將有助於對主要慢性病進行一級預防。同一個研究團隊隨後更進一步針對輕度認知障礙、中風等神經退化性慢性疾病擴大研究的範圍，結果顯示維持「地中海飲食」模式能對於主要退化性慢性疾病的發生，提供了顯著且一致的保護作用（Sofi et al., 2010）。

另一個以 Kastorini 為首的研究團隊針對「地中海飲食」對代謝症候群（MS）及其成分的影響所進行的研究結果顯示，在對 534,906 名參與受測者進行前瞻性研究和臨床試驗的數據中發現，維持「地中海飲食」模式與降低罹患代謝症候群風險呈現正相關。根據上述臨床研究結果顯示了「地中海飲食」對於代謝症候群成分的保護作用，包括了有助降低血壓、血糖、三酸甘油脂[6]；而流行病學研究的結果也證實了上述的臨床試驗結果。這些研究成果證實了「地中海飲食」模式可以很容易地被各類人群、各種文化環境下所採用，並且具有成本效益，可用於代謝症候群及其各個成分的一級和二級預防；在公共衛生方面具有相當的重要性（Kastorini et al., 2011）。

此外，這種由地中海盆地原生的植物性食物、魚、橄欖油和積極的生活方式所共同組成的「地中海飲食」，在國際上被公認為是一種保護心臟的飲食模式，並能夠抑制肥胖率上升。聯合國糧食及農業組織（Food and Agriculture Organization of the United Nations, FAO）前總幹事

---

[6] 如腰圍（-0.42 cm，95% CI：-0.82 至 -0.02）、高密度脂蛋白膽固醇（1.17 mg/dl, 95% CI: 0.38 to 1.96），三酸甘油酯（-6.14 mg/dl, 95% CI: -10.35 to -1.93），收縮壓（-2.35 mm Hg, 95% CI: -3.51 to - 1.18）和舒張壓（-1.58 mm Hg，95% CI：-2.02 至 -1.13）和血糖（-3.89 mg/dl，95% CI：-5.84 至 -1.95）（Kastorini et. al., 2011）。

達席爾瓦（José Graziano da Silva）於 2019 年 6 月 11 日在糧農組織舉行的「糧食的未來」國際研討會中發言時指出，全球逾 6.72 億成年人（超過十分之一的人口）患有肥胖症；而全球化雖然讓人們可以用更低廉的價格享用到進口食品，但享用這些過度加工進口食品的後果，也導致肥胖症狀全球化，也使得本地食品更形式微。達席爾瓦主張，積極推廣「地中海飲食」將有助於抑制肥胖症的增長，改善人們的健康狀況，同時還能促進本地食品的生產復興、保護環境，並培養糧食供應體系的可持續（永續）發展（FAO, 2019）。

根據 2020 年聯合國世界衛生組織所公布《對世衛組織 2013-2020 年預防和控制非傳染性疾病全球行動計劃實施情況中期評估報告（Mid-point evaluation of the implementation of the WHO global action plan for the prevention and control of non-communicable diseases 2013-2020 (NCD-GAP)）》，世界衛生組織（World Health Organization）與非傳染性疾病（NCD）聯盟共同研究並分析了 180 個國家的資料，結果顯示心腦血管這些慢性疾病是危害人類健康的主要原因，其中歐洲的西班牙、葡萄牙、義大利和瑞士等國家慢性疾病防控最好，其原因都指向與「地中海飲食」模式有關（UNWHO, 2020）。通過遵循「地中海飲食」能提供許多健康益處，包括減輕體重、心臟和大腦健康、癌症預防以及糖尿病預防和控制，因而連續多年獲得知名期刊《美國新聞與世界報導（U.S. News & World Report）》評選為「年度最佳整體飲食方式（U.S. News Best Diet Rankings of 2022、2021、2020、2019、2018）」。在此一排名評選當中，「地中海飲食」在幾個方面的細項都獲得最佳的表現，包括了「最佳植物性飲食（Best Plant-Based Diets）」、「最佳心臟健康飲食（Best Heart-Healthy Diets）」、「最佳糖尿病飲食（Best Diabetes Diets）」、「健康飲食的最佳飲食（Best Diets for Healthy Eating）」、「最容易遵循的飲食（Easiest Diets to Follow）」（U.S. News & World Report, 2022）。

地中海飲食習慣在歷史上基於三個基本支柱，它們象徵著簡單、節儉和久坐的生活：橄欖（油）、小麥（麵包）和葡萄（酒）（Pérez-Lloréns et al., 2021）。此外，海鮮（主要是魚類和貝類，還有一些海洋

哺乳動物）是蛋白質來源，自古埃及以來，海鮮和香料經常被用作一種社會標誌，比肉類更受歡迎。除了上述的基本成分外，地中海飲食還有其他常見的食材組成，包括了新鮮或乾燥的蔬菜和水果、堅果、牛奶、奶酪、魚和肉，它們構成了所謂的地中海飲食的主要元素（Essid, 2012; Reguant-Aleix, 2012）。

　　地中海飲食之所以受到推崇和推廣的原因，在於地中海飲食可說是一種包容性飲食，它的概念側重於膳食模式和食物組合，例如：多吃水果、蔬菜、全穀物、豆類、堅果、種子、健康的油脂等，所以很容易為人所採用和堅持。不同於大多數專注於消除某些食物或食物組、計算大量營養素或跟蹤卡路里的飲食，地中海飲食原則並未規定不能吃什麼，而是更關注吃什麼。此外，地中海飲食雖然名稱上帶有地域性，但卻是一種不受限地域差異、物產種類的飲食概念；儘管地中海飲食原生範圍的人們，可能更容易獲得新鮮壓榨的橄欖油或者某些當日捕獲的特有品種海鮮或蔬果食材，但全球其他地區的人們在當今全球發達的供應鏈和現代物流的效率下，一樣能夠獲得地中海地區所生產的橄欖油以及某些當地生產的食材。此外，只要依循它的膳食概念，即便不住在義大利、西班牙、希臘、摩洛哥、葡萄牙、塞浦路斯、克羅地亞等國家，或即使不在地中海地區，一樣也能製作出地中海飲食中的料理，一樣可以享受到地中海飲食所帶來對身體健康的好處。

（三）文化視角下的地中海飲食文化

　　地中海飲食（The Mediterranean Diet）據信是源自希臘語中的「díaita」一詞，意為生活方式，是一種社會實踐，基於從景觀（food landscape）到美食的一系列技術、知識、習俗、實踐和傳統；在地中海文化國家，這涉及耕作、收成、捕撈、貯存、加工、料理，以及最重要的共享美食。地中海飲食不僅是一套代代相傳的傳統做法、知識和技能，它更重視共同分享食物，這也是地中海盆地各個群體在文化歸屬認同感和情感聯繫基礎的一種展現（Trichopoulou & Vasilopoulou, 2016）。聯合國教科文組織總幹事阿祖拉（Audrey Azoulay）對地中海飲食的文化

性做了這樣的註解：「食物對於我們在文化領域開展的工作非常重要，因為它是歸屬感的核心，它加強了社會凝聚力，能夠在所有場合傳播遺產文化。具體而言，地中海飲食因其普遍價值及其所代表的一切而得到認可：訣竅、象徵、傳統、儀式和分享食物的喜悅。」（FAO, 2019）

　　文化往往給人一種較為抽象的概念，在文化形成的過程當中，需要依託一些符號形式的載體來傳達其內容和意義。索緒爾（Ferdinand de Saussure）從語言學角度認為語言符號由「能指（signifier）」和「所指（signified）」構成；人們試著用符號表達出的內容叫做「能指」，意義的呈現少不了「表達」，而「表達」就是符號的「能指」（Macey, 2001）。飲食風格或飲食模式可視為文化的一種形式，隨飲食應運而生的，包括了大量的知識、料理技巧、傳統習俗、傳說故事等，這些都可以視為飲食的符號。從文化符號學觀點探討地中海飲食的文化性，可以看出地中海飲食中展現的「能指」泛指環地中海區域各國以蔬果、海鮮、穀類雜糧、豆類、橄欖油等食材為主的飲食模式，其背後的「所指」則是涵蓋了對領土和生物多樣性的尊重，和對不同文化之間的社群和宗教信仰的尊重，這些尊重都促成了對地中海社區農漁業相關的傳統活動和工藝進行保護和發展。

　　Iglesias（2019）從文化、歷史、人類學的觀點分析了地中海飲食在飲食以外的文化性。地中海飲食特有的不同食物被用來製作各種食譜，這些食譜在美食方面都很有價值，而且營養豐富。數千年來，麵包、葡萄酒和特級初榨橄欖油一直是地中海人民文明和繁榮的象徵。地中海飲食的關鍵要素是多樣化、適度，以及蔬菜比動物食物占優勢。這些與重視人際關係、追求幸福和體育活動的生活哲學相輔相成。地中海沿岸形成了豐富多彩的美食，豐富而芳香，可以說是與自然和諧相處。地中海飲食是關於分享、享受圍桌交談以及飯後午睡放鬆。隨著食物的全球化，食物攝入的時間生物學節律變得傾斜，食物工業化導致飲食行為的同質化。餐桌上的歡樂，是整個地中海盆地文化認同和社區連續性的重要元素，地中海飲食文化強調熱情好客、鄰里和睦、不同文化間的對話以及創造性，並且在文化空間、節日慶典中發揮著至關重要的作用，它讓來自不同年齡段、不同條件背景、不同社會階層的人們得以歡聚一

堂，並是社會交流和交流的時刻，也是對家庭、群體或社區意識的自我認同（Serra-Majem et al., 2004）。此外，由於禁慾、禁食和懺悔等宗教戒律所衍生出諸如四旬期、安息日和齋戒月等傳統宗教儀式或節慶活動，期間因為戒律禁止食用某些食物，衍生出其他允許食用食材的烹調方式，像是以海鮮代替肉類的料理，這些都明顯反映在地中海飲食的烹飪傳統、菜餚和食譜中（Essid, 2012）。

地中海飲食不僅僅是一種區域內的飲食模式，更可以說是環地中海區域居民生活方式的具體展現；它包括了文化遺產、美食、農業和與飲食有關的社會習慣，諸如共生性和歡樂性（Muñoz & Gil, 2021）。從西洋史學的觀點來看，環地中海地區本身就是人類文化與文明的起源之一；由於地中海周邊區域內在種族、宗教、歷史等方面的複雜因素，在文化上呈現十分多元的風貌。歷史上環地中海區域內鄰邦間的各類接觸，通過包括貿易、征戰、遷徙等各類型的人類活動，不僅使得物產獲得了交換、交流的機會，也使得區域內不同的文化得以向環型區域內其他地方傳播，對本身傳統、文化、生活方式等方面都產生了程度不一的影響，同時隨著時間的推移和人類貿易的往來交流，也融合了海洋和陸地物產，孕育出它的特殊風味。這種多元文化傳播的結果，也反映在環地中海區域飲食模式的文化性上，呈現了一種兼容並蓄的性格。

「地中海飲食」除了在飲食、營養功能性方面所展現健康、安全的正面價值，同時也在文化、環境、社會和經濟層面上，展現了其對生活、文化的正面功能。聯合國糧食及農業組織（Food and Agriculture Organization of the United Nations, FAO）前總幹事達席爾瓦（José Graziano da Silva）於 2019 年 6 月 11 日在糧農組織舉行的「糧食的未來」國際研討會中發言時警告，地方可持續飲食（包括地中海飲食）遭到侵蝕，將導致重要的文化、社會、環境和遺產損失。達席爾瓦指出，地中海飲食成功地將該地區的可用食物（通常由家庭農民種植）結合在一起，已經存在了數千年的時間。「如果我們任由它消失，那麼我們失去的將不僅僅是地中海飲食本身，還包括孕育其發展的所有文化和環境。」達席爾瓦對於「地中海飲食」的重要性賦予了極高的評價，認為「地中海飲食」之所以能夠獲得聯合國教科文組織列名成為世界非物質

文化遺產，是因為教科文組織認可「地中海飲食」作為當地文化和糧食系統的有機組成部分的重要性；而這種「推廣當地生產的食物，並以健康的方式將其結合在一起」的原則，也成為世界各國的許多可持續飲食文化的基本原則（FAO, 2019）。地中海飲食是以植物性飲食為中心概念，植物性食材往往比動物性食材更能用較低廉的價格取得，且植物性食材又被視為對於當前關注的碳排放環境議題更好，因此也被視為是一種對環境可持續發展有利的飲食（Drewnowski & Eichelsdoerfer, 2009; Berry, 2019）。由此可見，地中海飲食不僅是一種有助於預防慢性非傳染性疾病健康飲食，更是一種尊重環境和保護生物多樣性的可持續飲食；地中海飲食已經被視為一種促進可持續（永續）發展的重要意義。

四、「地中海飲食」影響下的葡萄牙飲食文化

地中海飲食無論是所使用食物的原料，或者在菜肴的準備過程，甚至蘊含的餐桌文化，傳遞出地中海人民的傳統與文化習俗。從環境層面來看，地中海飲食模式是食物可持續（永續飲食）的一個案例研究。它有健康的科學證據，以及經濟和社會文化效益（Berry, 2019）。在葡萄牙，「地中海飲食」是構成葡萄牙飲食文化的重要元素，隨著 2013 年聯合國教科文組織將包含葡萄牙在內的多個環地中海地區國家所共同申報的「地中海飲食」，列名為人類非物質文化遺產，地中海飲食也在葡萄牙正式取得了一個名份；從此，地中海飲食在葡萄牙開始被賦予了重要的歷史資產身分，成為一項從祖先繼承下來的多樣化飲食，而葡國官方也將地中海飲食視為應保護的重點文化。

本文將先從地理、歷史、文化、社會等方面，就地中海飲食模式在葡萄牙的演進、地位和體現，從學術的觀點和研究成果進行剖析。此外，對於「地中海飲食」此一非物質文化遺產在葡萄牙的代表城市聚落，在本文中也將進一步進行介紹。為了能夠從文字、書面資料以外的途徑，更實際了解地中海飲食概念在葡萄牙餐飲烹調當中具體實踐的情形，本文作者也採取實證研究途徑，通過設計訪談題綱對於葡萄牙餐飲

職人進行的深度訪談，藉此從相關專業從業人員的角度，取得更接近餐飲第一線的真實情況。隨後，根據實證訪談的結果，本文進一步根據訪談中所涉及的內容，對於葡萄牙傳統飲食當中幾道代表性的食譜進行驗證分析，以期能對於受地中海飲食影響下的葡萄牙飲食文化，能提供讀者一個更清晰的輪廓。

（一）「地中海飲食」在葡萄牙

　　地理條件所導致在物產的特徵，影響著葡萄牙的飲食文化。葡萄牙擁有濱臨大西洋長達 800 多公里的海岸線，受海洋暖流的呵護，終年陽光普照，夏季溫暖濕潤，冬季涼爽潮濕，整體氣候溫和。孕育萬物的大海賜予葡萄牙得天獨厚豐富海洋資源，諸如深海魚類、章魚、烏賊、蝦、蟹、貝殼等各類豐富的海鮮食材，使得葡萄牙飲食習慣中包含了食用大量的海鮮。此外，伊比利亞半島內陸盛行的畜牧業，也供應了葡萄牙飲食消費中肉類的來源，包括了豬肉、牛肉、羊肉以及酪農製品，都是葡萄牙日常飲食常見的食材。葡萄牙飲食文化同時深受歷史的影響。從西元前三世紀到西元四世紀，羅馬人帶著大蒜、洋蔥、釀酒葡萄、小麥在葡萄牙定居，並希望將伊比利亞半島變成羅馬的糧倉（Block, 2010）。從八世紀到十二世紀，摩爾人在伊比利亞半島種植橄欖樹、水稻，也在今日阿爾加維地區種植無花果、杏仁和柑橘（Stanislawski, 1963）。

　　十五世紀達伽馬（Vasco da Gama）和卡布拉爾（Pedro Álvares Cabral）等探險家受到葡萄牙亨利王子（Infante D. Afonso Henrique）的鼓勵下啟航前往展開所謂的「地理大發現」，也使得葡萄牙飲食文化發生了重大轉變。在這「大航海時代」，大量原產於美洲、非洲、亞洲的物產，經由航海者帶回了歐洲，諸如如來自美洲的番茄（西紅柿）、辣椒、馬鈴薯（土豆）和豆類，與來自亞洲的黃瓜、西瓜、柳丁和大米（Albala, 2011）。這些來自於異國的水果、堅果、農作物，使得葡萄牙的飲食食材種類變得更加多元而豐富，在當時因為蓬勃發展航海事業而擁有這些來自於其他大陸的稀奇物產，更讓當時的葡萄牙帝國在歐洲顯

得不可一世。同時，大航海時期由於需克服長時間海上航行的食材保存問題，許多新的食材保存方式隨著人們的智慧應運而生。最有名的例子，應該就屬為了讓食物在漫長旅程中持久保存，葡萄牙水手利用曬乾和鹽醃的手法來處理漁獲，以便於將這些漁獲可以攜帶到航海所到的世界各地食用。另一方面，通過葡萄牙、西班牙的航海事業，將其所到之處的食材和烹調方式帶回母國，使得葡萄牙料理方式也受到大航海活動的影響，所留下的痕跡甚至延續到今日的葡萄牙飲食當中。

誠然，自從地中海飲食列名成為一項葡萄牙的無形文化資產，葡萄牙的傳統飲食文化亦可見到地中海飲食概念的元素，但從現實層面檢視地中海飲食在葡萄牙當前的發展現況，仍存在許多有待推展的空間。然而十分尷尬的是，當地中海飲食於 2013 年宣布成為葡萄牙的新一項非物質文化遺產之際，根據葡萄牙心臟醫學會（Sociedade Portuguesa de Cardiologia）和專業調查公司 GfK 所做的調查結果顯示，這種號稱為從祖先所繼承下來的飲食模式，卻有葡萄牙半數以上國民對它感到陌生，或者不明白地中海飲食的意涵（Real et al., 2021）。

根據 Real（2020）等人針對地中海飲食概念在葡萄牙的體現，分別從環境、文化、教育、食品工業及產業、醫療保健、旅遊等層面進行的研究，可以看出當前地中海飲食在葡萄牙國內發展的現況，包括了以下重點：

1. 環境層面

2013 年將葡萄牙擴大納入了地中海飲食的範圍，而地中海飲食已經被視為一種作為食物可持續性的模式，可減少食物的碳足跡（ecological footprint）（Dernini et al., 2013）；未來葡萄牙應朝著繼續推廣地中海飲食模式的方向，提高葡萄牙民眾遵循地中海飲食模式的比例（以全國三分之一以上人口為目標）。地中海飲食提倡的食用當地生產、當季時令的物產概念（Keys, 1995），能夠促進葡萄牙的生物多樣性（biodiversity）。地中海飲食本身所崇尚的惜食、必要食材的合理使用、靈活的食物調理方式以因應多樣化的食材等精神（UNESCO, 2013），能夠促進葡萄牙減少食物的浪費。

2. 文化層面

當前葡萄牙國內重視及推廣地中海飲食模式的範圍較小，僅集中於南部阿爾加維地區，例如 2018 年所提出《地中海飲食保障計劃》（Comunidade Representativa de Tavira, 2018）。葡萄牙目前有關推廣地中海飲食文化的博物館機構較為局限，僅代表城市 Tavira 的市立博物館（Museu Municipal de Tavira）內設有地中海飲食的專區，此外另有兩處私人設立的相關機構，分別是塞亞（Seia）的「麵包博物館（Museu do Pão）」，以及在博巴德拉（Bobadela）設有「橄欖油博物館（Museu do Azeite）」；除此以外較為缺乏全國性的機構對於地中海飲食進行推廣與保存工作。

3. 教育層面

葡萄牙的學校教育層面對於地中海飲食，是以一種健康飲食模式的概念於教科書中進行介紹；根據現有的相關研究顯示（Correia, 2016），葡萄牙學校教育的教科書中有關地中海飲食僅側重於自然科學、營養學科方面，強調食物本身的營養價值，並未強調地中海飲食在文化、歷史、經濟層面對葡萄牙的重要意義。

4. 食品工業及相關產業層面

目前葡萄牙食品相關產業對於地中海飲食概念並未投入較大的關注，關於食物可持續（永續飲食）概念的推廣，仍僅止於對於環保友善包裝、成分天然、製造過程符合可持續概念等，並未將地中海飲食模式的概念融入食品製造和行銷宣傳當中。目前全葡萄牙全國市場七成市占率為五大食品供應商，但僅有一家業者在其產品當中系統性融入地中海飲食概念並加以宣傳推廣。

5. 醫療保健層面

當地中海飲食於 2013 年列名成為葡萄牙非物質文化遺產之際，葡萄牙全國有近半數人口不明白地中海飲食的概念。2017 年，有 18%的葡萄牙人口高度遵循地中海飲食模式（Lopes et al., 2017）。葡萄牙當前已經將地中海飲食納入了國民飲食健康指引當中（DGS, 2016）；然而醫療保

健領域對於食物成分、生活方式的研究投入在比例上仍高於對地中海飲食模式的研究，專業關注程度仍較不足（Sotos-Prieto et al., 2015; Real et al., 2020）。

6. 旅遊層面

相較於鄰國西班牙積極將地中海飲食概念作為旅遊方面的主題概念，葡萄牙旅遊業界在此方面仍未見有相關作為。西班牙的做法是由官方推動餐飲業者取得地中海飲食餐廳認證標章，並加入由地中海飲食基金會（Fundación Dieta Mediterranea）認證的餐廳聯盟體系。此外，葡萄牙現有旅遊路線當中，有部分與地中海飲食相關的內容，諸如美食路線、農園參觀及採收體驗、農產品或橄欖油收成主題活動、地方美食慶典節事活動等，但並未有強調體驗地中海飲食概念的相關路線；此外，農村旅遊在葡萄牙仍有相當發展的空間。

從上述研究中，可以發現地中海飲食並非僅限於有關醫療保健或食品營養層面的議題，它可以更大程度將影響力擴及到環境、文化、教育、食品工業及產業、醫療保健、旅遊等層面。從地中海飲食模式本身所具有的食物可持續（永續飲食）概念，結合當前全球層次對於可持續（永續）概念的追求，可以預見地中海飲食的概念絕非僅只於一種古老而有待保存的傳統生活模式，更具備了一種因應未來全球人類發展所需的前景新潮流。地中海飲食的存在，就宛如一種老祖先所留下的智慧生活方式，彷彿能未卜先知般洞悉著當前全球人類面臨的各種生存問題，為時下的世人們指點出一道迷津。

（二）地中海飲食葡萄牙代表社群城市－Tavira

隨著「地中海飲食」成為環地中海區域七個國家共同擁有的非物質文化遺產，根據教科文組織的決議，每個國家指定了一座代表聚落（Emblematic Communities），作為在各自國家維持和維護地中海飲食的社群聚落的象徵性例子。在此前提下，位於伊比利亞半島南部的濱海城鎮 Tavira，從 2013 年起雀屏中選作為葡萄牙詮釋地中海飲食生活方式的代表聚落（UNESCO, 2013）。幅員面積 611 平方公里的 Tavira，人口

27,536 人（CCDR-Algarve, 2021），行政區劃隸屬於葡萄牙南部阿爾加維大區（Região do Algarve）內的法羅區（Distrito de Faro），西側緊鄰葡萄牙南部著名的濱海渡假聖地法羅（Faro），東側距離葡萄牙與西班牙邊界的瓜地亞納河（Río Guadiana）僅 30 公里。

　　飲食文化往往反映了一個地方的歷史、地理和社會特徵。依山傍海的 Tavira，食材除了海味也擁有山珍；Tavira 是一個以捕撈深海魚類聞名的重要漁港，漁業活動除了是當地的歷史，也讓當地的飲食習慣離不開魚類和海鮮。同時，Tavira 內陸山地也提供了豐沛的食材，諸如野味、香腸、新鮮奶酪、乾果（杏仁、角豆和無花果）、時令白蘭地、楊梅和無花果白蘭地都成為 Tavira 當地美食的一部分。無論從自然地理或人文地理的觀點來看，Tavira 在氣候、景觀、經濟、文化和生活方式的基本特徵，都具備地中海飲食生活的環境條件，因此獲得了葡萄牙官方的青睞，成為葡萄牙地中海飲食的唯一代表社群聚落。Tavira 作為葡萄牙的地中海飲食文化代表，也能從它的地理、歷史、飲食相關文化等三方面，窺見葡萄牙在地中海飲食當中的一些特點。

　　Tavira 雖然地理位置濱臨大西洋海岸線，但事實上，它卻是葡萄牙全境地理位置距離最靠近地中海的濱海城鎮；它距離地中海西端直布羅陀海峽出口的端點 Punta de Tarifa（塔里法岬角[7]）僅約 220 公里，從地緣條件上，仍可算是環地中海地區。Tavira 所濱臨地中海、大西洋交界海域，由於洋流交會的天然條件，造就了當地良好的漁場條件，漁業資源豐沛，也因此地利之便，造就了 Tavira 成為一個重要的漁港，主要從事鮪魚（atum，或稱金槍魚、吞拿魚）的捕撈和加工，直到 1970 年左右成為當地主要的經濟活動之一（見圖 1-1）。除了漁業活動外，當地發展歷程中與海洋有關的經濟活動尚有製鹽產業；Tavira 本身挾著當地充

---

[7] Punta de Tarifa（塔里法岬角）位於西班牙南方安達魯西亞自治區（Comunidad de Andalucía）加底斯省（Provincia de Cádiz），經緯度座標為 36ºN 5.36ºW，是伊比利亞半島及歐洲大陸陸地的極南端點，南面正對直布羅陀海峽，以東為地中海，以西為大西洋，也是地中海與大西洋的地理分界點（Ferrer-Gallardo, X., Albet-Mas, A. & Espiñeira, K., 2015）。

沛的日照，自古就是以日曬海鹽聞名，當地迄今仍有維持著以傳統日曬方式生產的海鹽鹽場。此外，當地的豐富海洋生態也可從 Tavira 海岸線上的 Ria Formosa 自然公園看出，這處由近岸島嶼、潟湖和沼澤濕地所形成的生態系，因其豐富的生物種類受到國際上所認證及保護。

🖑 圖 1-1：**Tavira** 及 **Punta de Tarifa** 地理位置圖

資料來源：作者自行繪製

另一方面，從陸地條件來看，Tavira 地處地中海溫帶氣候地帶[8]，造就了周邊區域農林物產方面的良好生產條件，區域內出產蔬菜、乳酪、橄欖油等經濟農漁產，中部的 Barrocal 地區分布黏土與白堊土，生長著適應這種氣候的多種植物（橄欖樹、杏仁樹、角豆樹和無花果樹），同

---

[8] Tavira 年平均氣溫約為 18.1°C，最佳旅遊季節為夏季（6、7、8、9 月份）。7 月份為最熱月份，月平均溫為 26.1°C；1 月份為最冷月份，月平均溫為 11.2°C。Tavira 的年平均降雨量為 474 毫米，雨天最多的月份是 12 月份（7.40 天），雨天最少的月份是 7 月份（0.33 天）。全年日照時間約為 3252.44 小時。Tavira 平均每月有 106.8 小時的日照時間。Tariva 濱臨大西洋的海水年平均溫度為水溫約為 18.40 °C（Climate-Data.Org, 2022）。

時更是番茄、橄欖油、火腿、柳橙、哈密瓜等農產品的知名產地，相對較短的食物里程（food miles）條件，恰好成為地中海飲食中典型食材的絕佳供給來源（Município de Tavira, 2021a）。Tavira 的產業型態主要以家庭農業為主，內陸山林地帶迄今仍然保持著社區農業、畜牧業、養蜂業、狩獵及手工藝品製造等活動；用藤條和柳條手工編製而成的籃子，或是用木板手工拼成的椅子，除了反映出農業地區質樸純粹的基本風貌，更具有地中海區域林地的特徵（Município de Tavira, 2021b）。此外，葡萄酒作物在阿爾加維地區的生產歷史，可以追溯到穆斯林統治伊比利亞半島的年代，葡萄種植成為貿易和出口的經濟活動；受惠於當地溫和的地中海型氣候條件，加上穩定而充足的日照條件，以及由沙質、粘土、片岩所混合形成的土壤條件和石灰岩露頭的地質條件，這些都使得 Tavira 成為一個葡萄酒生產的絕佳搖籃。隨著對於生產品質要求的提升，近十餘年 Tavira 的葡萄酒品質也逐年提升，諸如 Al Ria、Marchalégua、Terras da Luz 等品牌也以其光滑、乾爽、溫和、富有果香味的口感，成為了 Tavira 葡萄酒的亮點（Município de Tavira, 2021a）。

再從人文歷史文化層面的觀點來看，Tavira 作為人類聚落發展的歷史甚早，上可追溯到腓尼基人、希臘人、羅馬人和阿拉伯人統治的時期。從當地目前所保留的城鎮街廓型態中，廣場、巷弄的結構充分可以反映出地中海都市主義和環地中海區域生活型態重視鄰里關係的特徵。地中海飲食不僅是一套代代相傳的傳統做法、知識和技能，它還提供了一種相關社區的歸屬感和情感的連續性。餐桌上一起吃飯的歡樂是整個地中海盆地社群文化認同和連續性的重要元素，是社交和交流的時刻，更是對家庭、群體或社區意識的認同（8.COM 8.10）（UNESCO, 2013b）。地中海飲食強調好客、鄰里、跨文化對話和創造力的價值觀，是一種生活方式，還凸顯了用餐時人們歡樂、慶祝和傳遞知識的意義。長久以來葡萄牙人的一大特徵就是喜歡在一起用餐，這就像一種儀式，把家庭成員和朋友都團結起來，是葡萄牙人熱情好客的一個象徵符號。而餐桌上的歡樂盛行、與家人和朋友一起用餐、分享傳統和教義也是一種地中海飲食文化中強大的「飲食文化符號」，這種飲食文化符號深深的滲透到葡萄牙以及歐洲部分地區的日常生活中。

　　地中海飲食不能僅僅代表著維繫著一種生活的傳統，地中海飲食同時也反映出一個非常完整的循環經濟模型，葡萄牙希望透過對此傳統的無形資產的保護，將此傳統賦予更多的未來性，通過注入創新和技術，增強農業實踐和消費模式再造。從生產活動、週期性慶祝活動，以及一年當中不同旬期季節都有時令特色的物產融入菜餚的飲食文化中，可以看出 Tavira 當地在人文生活上所保留的無形文化資產是鮮活的。Tavira 每年都有幾項美食主題的慶典活動，包括了以內陸特色食材為主題的「山地美食節大賽（o Festival-Concurso de Gastronomia Serrana）」和以海岸特色食材為主題的「海洋美食節大賽（o Festival / Concurso de Gastronomia do Mar）」，以及從 2011 年起每年舉辦並獲得葡萄牙美食旅遊類國家旅遊獎（Prémio Nacional de Turismo）肯定的新興美食節事活動「小吃之路（Rota do Petisco）」（Município de Tavira, 2021a）。隨著蓬勃的美食節事活動年復一年經常性的舉辦，讓風味、香氣、烹飪者創造力、新鮮高品質食材得以結合，盤中佳餚也增添了更多新的可能，年年征服了更多的鑑賞家，也讓人們更加難以抉擇品嚐哪種美味。

　　Tavira 當地的主要傳統飲食，主要包括了種類豐富的海鮮和魚類菜餚，其中較具特色的本地菜，包括了以承襲古羅馬帝國時代以石磨坊研磨穀物的傳統方式，將玉米研磨成粉後，再加入炸豬五花肉、貝類等食材烹調成穀物粥（Xarém de conquilhas à moda de Tavira），這道名為「Xarém」的地方料理，其名稱還是源自穆斯林統治時代所起的名字「zerem」所流傳下來，充分反映出伊比利亞半島不同歷史時代所受到古羅馬、伊斯蘭等多元文化的影響。除了這道穀物粥，其他諸如「炸玉米麵包（o milho com pão frito）」、「炸豬皮（toucinho frito）」等美食特色菜，以及富有當地地方特色的甜點，諸如相傳源自十六世紀初由修道院修女所流傳下來秘方所演變而成的「Tavira 酥皮點心（os folhados de Tavira）」，以及在萬聖節製作和食用的傳統甜食「無花果星星（estrelas de figo）」都是源自阿爾加維地區而聞名全葡萄牙的傳統甜點（DGADR, 2021）。另一道以蛋黃和杏仁為原材料的一道地方傳統甜點「羅德里戈先生（Dom Rodrigos）」，則是一道以人名命名讓人摸不著頭緒的有趣點心，相傳食譜配方也是源自於修道院而來，隨後以 Tavira 當地一位出

身富裕家庭的宗教人士羅德里戈命名，十足有歷史感且饒富地方趣味
（Tastealtas, 2021）。

（三）葡萄牙飲食的元素分解：專業職人訪談實證分析

　　隨著數個世紀以來在各種文化的交織中世代傳承，食物的烹調方式
一直在不斷演變和進化。從葡萄牙的烹飪文化中，可以看出來自陸地和
海洋食材的多樣化，也同時可以發現地中海式飲食的相同價值觀。葡萄
牙地中海飲食特徵體現在烹飪風格上，選擇可就近取得的當地時令新鮮
食材，通過簡單的烹調加工程序，沒有放入大量的調味料改變食材風
味，在外觀上不講究過多的擺飾，而是盡可能以較接近食材原貌的方式
將食物呈現。這樣的做法可以減少烹飪過程中食材所含營養成分的流
失，保留食材本身的原始風味，更能呈現食材的新鮮。

　　為了進一步了解「地中海飲食」特徵下的葡萄牙飲食文化，本文通
過實證研究途徑，以葡萄牙料理專業主廚為對象進行半結構深度訪談，
並將訪談所收集的逐字內容運用內容分析法途徑，結合開放編碼並以
NVivo 12 軟體進行分析後，從而獲得有關葡萄牙飲食文化特徵以及與地
中海飲食相關的第一手實證資料。本研究的主要研究點在於總結葡萄牙
的飲食文化特徵，分析歸納出葡萄牙飲食文化的文化效應。訪談大致圍
繞著葡萄牙飲食特徵、葡萄牙飲食特徵當中的文化影響、葡萄牙飲食特
徵與地中海飲食等三個維度進行問題設計（如表 1-2 所示），以期能從
相關專業從業人員的角度，取得更接近餐飲第一線的真實情況。

表 1-2：葡萄牙料理餐飲專業主廚訪談題綱

研究維度	訪談問題大綱	相關文獻
葡萄牙飲食特徵	・地域特徵：受訪對象來自於葡萄牙的不同地區 ・地域特徵：受訪對象來自於葡萄牙的地區性食材與地方特色菜 ・烹調特徵：傳統葡萄牙菜料理時的常用烹調手法和做法特色	王玉，2021；Malvagno, 2000; Chai, 2002; Glasco, 2018; Dax, 2021;

研究維度	訪談問題大綱	相關文獻
	・烹調特徵：傳統葡萄牙菜料理時的常用調味料 ・烹調特徵：傳統葡萄牙菜在食材選用時的常見食材與使用偏好	White, 2003; Moffitt, 2019; Trujillo, 2014
葡萄牙飲食特徵當中的文化影響因素	・文化輸入特徵：就受訪對象自身的觀點，評論「地理大發現」及「大航海時代」等歷史背景對葡萄牙飲食文化的影響 ・文化輸出特徵：就受訪對象自身的觀點，評論葡萄牙飲食文化對葡國前海外省分（殖民地）當地飲食文化的影響	Usmani, 2021; Santich, 2011; Dernini, 2006; Stajcic, 2013; Cox, 2013; Protschky, 2008
葡萄牙飲食特徵與地中海飲食	・食材特徵：葡萄牙飲食與地中海飲食在食材特徵的異同比較 ・營養成分特徵：葡萄牙飲食與地中海飲食在營養成分特徵的異同比較 ・烹調特徵：葡萄牙飲食與地中海飲食在烹調方式特徵的異同比較 ・文化特徵：葡萄牙飲食與地中海飲食在用餐習慣、餐桌文化方面特徵的異同比較	Laura Knowlton, 2007; Cristina- Mihaela, 2019; DeVault, 1993

資料來源：作者自行整理

　　本文中的受訪樣本選取的依據，是針對葡萄牙籍、當前從事葡萄牙菜餐飲料理工作的專業主廚為目標對象，工作地點在全球範圍內受雇或自營開業的葡萄牙菜餐廳；最終有效樣本共 10 位，其中 9 位男性、1 位女性。受訪對象目前工作地點包括葡萄牙 2 位、西班牙 2 位、中國大陸 2 位、中國澳門 4 位。受訪對象從事餐飲工作的資歷，分布於 8 至 20 年之間，大多數經歷為 10 至 15 年（共 7 位），10 年以下 1 位、15 年以上 2 位。通過對 10 位在全球範圍內的葡萄牙籍主廚受訪對象，以當面或線

上方式進行面對面訪談[9]，再將訪談所回收的逐字內容運用紮根理論通過開放式編碼、主軸式編碼、選擇性編碼等三個步驟，對於葡萄牙飲食特徵及其與地中海飲食文化的關聯性，運用 NVivo 軟體輔助進行質性分析。根據受訪主廚的訪談內容進行編碼分析後，有關葡萄牙飲食文化當中的具體特徵，以及葡萄牙飲食概念中與地中海飲食相符的元素，可以歸納出得到以下結論：

1.葡萄牙飲食的地域和烹調特徵

通過訪談內容進行編碼分析可以發現，多數受訪對象認為葡萄牙飲食當中最顯著的特徵是表現在烹飪方法方面，其中包含烹飪選擇和配料選擇[10]。此外，受訪對象認為在飲食文化的諸多方面當中，食材選取是另一個較能夠顯示葡萄牙飲食特徵的方面[11]。由此可見，從專業職人的觀點，葡萄牙飲食當中的烹調方式最具有特徵性，包括烹調方式和配料方面的選擇，在葡萄牙菜專業主廚的眼中，都可謂是葡萄牙菜的最大特徵。

受訪對象分別來自葡萄牙北、中、南部，包括了里斯本、波爾圖（Porto）、里巴特茹（Ribatejo[12]）、阿爾加維（Algarve）等地區。在問及有關葡萄牙飲食在葡國國內的地域特徵時，受訪對象對於葡萄牙國內各地存在著各自的地域性飲食特徵，一致性表達正向同意。由於存在上述的地域性特徵，也因此具體反映在餐廳的菜色上，某些葡萄牙菜餚就

---

[9] 本文訪談工作進行時間為 2021 年 12 月至 2022 年 3 月之間；期間受到全球新冠肺炎疫情影響，部分訪談由於各國旅行限制影響無法實地進行，需採用線上視訊會議的方式進行。

[10] 對葡萄牙主廚的訪談中，關鍵範疇占比最高的為烹飪方法（參考點出現 25 次），其中包含烹飪選擇（參考點出現 15 次）和配料選擇（參考點出現 10 次）。

[11] 對葡萄牙主廚的訪談中，食材選取是另一項占比較高的關鍵範疇（參考點出現 21 次），其中包含食材來源（參考點出現 15 次）和食材要求（參考點出現 6 次）。

[12] 作者按：Ribatejo 為葡萄牙 1936 年起以省分作為行政區劃分時代的舊省份稱，1976 年該省分因行政區劃改編而廢除，大部分劃入現今的聖德倫大區（Distrito de Santarém）。為忠實反映訪談對象逐字稿內容，仍以舊地名列出。

會被冠上某個地區的傳統料理菜式，例如「Cataplana（銅鍋燉海鮮豬肉）」就通常會冠以源自葡國南部阿爾加維地區（Algarve）；同樣屬於海鮮燉煮的料理「Caldeirada（燉魚）」則通常會強調是屬於葡國北部地區常見的代表菜式。

　　根據受訪對象所陳內容，進一步對葡萄牙傳統食譜相關菜名進行對比分析，可見「Caldeirada（燉魚）」是葡萄牙沿海地區常見的代表菜式，也是一道葡萄牙傳統的海鮮燉煮料理。這道料理是以魚類及大西洋海域常見的八爪魚（章魚）等漁獲為主要食材，同時搭配馬鈴薯（土豆、洋芋）和蕃茄（西紅柿）等植物性食材，並加入月桂葉調味，以燉煮方式製作而成。從食材來源而言，這道葡萄牙傳統料理恰好說明了向來擅長航海和捕撈的葡萄牙人如何善用其豐富的海洋資源，以可就近取得的漁獲運用在飲食當中。而馬鈴薯和蕃茄這兩種原產於美洲的植物性食材，是葡萄牙人在「地理大發現」時期的戰利品之一，隨著航海者帶回了歐洲，成為了葡萄牙飲食食材裡經常出現的常客，而後又隨航海者帶往世界其他地方。此道菜以燉煮的方式進行烹煮，也印證了訪談內容編碼詞頻分析所得出的結論，燉煮方式確實是葡萄牙傳統菜餚十分常見的烹調手法；將新鮮就近取得的食材以較為單一的烹調方式處理，搭配調味和火候的技術掌握，也和地中海飲食模式當中所崇尚簡單的烹調工序較為相近。這道「Caldeirada（燉魚）」將海鮮和馬鈴薯、蕃茄一起燉煮的用料和烹調方式，也常見於環地中海區域的其他地方，也恰好能說明地中海飲食與葡萄牙飲食的相似之處。此外，月桂葉則是歐洲人常用的調味料和餐點裝飾物，帶有辛辣及強烈苦味，用在湯、肉、蔬菜、燉食等，很受歡迎。它可用於醃漬或浸漬食品，也可用於燉菜、填餡及魚等，可以代替鹽作為提味。這種對月桂葉對使用方式，與地中海飲食傳統中常常使用香草代替鹽做調味品這一特徵有共通之處。

　　對於在葡萄牙各地呈現不同的飲食習慣和特徵，受訪主廚認為其原因大致與以下有關：地理位置、氣候條件、當地物產等因素，由於這些因素，形成各地民眾在飲食上的偏好特徵。靠近海岸地區的代表飲食會有更多以海鮮烹製的菜色種類，也會根據各種海鮮魚貨盛產的季節不同，存在季節性的菜餚，例如葡萄牙餐廳很常見的平民化漁獲沙丁魚，

一般會公認以每年 6 月份從葡萄牙近海所捕獲為最美味，常見的烹調方式是直接燒烤而成的「Sardinha assada（烤沙丁魚）」。位於內陸海拔較高的區域，由於冬季氣候較為寒冷，會偏好食用以肉類添加豆類一起燉煮的料理，像是以牛肉塊加入馬鈴薯（土豆）、胡蘿蔔和豌豆燉煮而成的葡萄牙傳統料理「Jardineira Portuguesa（園丁燉肉）」就被視為能增加能量禦寒的冬季時令菜品。同時，來自葡萄牙不同地域的受訪對象，一方面同意葡萄牙各地的飲食存在其各自的特徵，另方面也表示這樣的地域差異性並不影響他們的工作；身為專業的廚師，他們也會去研究自己家鄉以外葡國其他地方代表菜色的做法內容，也認為能夠將自己家鄉以外的其他葡國地方菜輕鬆勝任。

　　大多數受訪對象也同意，葡萄牙各地雖然存在各自的飲食特徵，但無論從烹調手法以及使用的食材方面，仍有一定程度的相似性，這使得他們在學習其他地方菜的作法時能很快了解。而從受訪對象所收集到葡萄牙飲食當中經常使用的食材種類當中，可以從編碼分析中看出，最常出現在葡萄牙傳統飲食的食材，依序是橄欖油、洋蔥、番茄、大蒜、青椒、魚類、甲殼類海鮮。此外，較多受訪對象認為，葡萄牙飲食有一定的烹飪方法，是很重要的文化特徵；葡萄牙傳統飲食所常見的烹飪方式，從訪談內容所出現的高頻詞彙依序是：烤、炸、燉煮。而在有關葡萄牙傳統飲食所常見調味料的使用上，從訪談內容所出現相關詞彙出現頻率，由高而低分別是胡椒、海鹽、孜然（cumin）、燈籠椒粉（paprika）、香菜（coriander）、丁香（cloves）、月桂葉（bay leaf）。

2. 葡萄牙飲食特徵當中的文化影響

　　除了烹飪方式的特徵外，訪談對象普遍認為文化影響因素是葡萄牙飲食當中，僅次於烹飪方法的第二項主要特徵；而文化影響因素是包括了文化輸入、文化輸出兩方面的特徵所共同構成[13]。就受訪對象所表達自

---

[13] 訪談中，關鍵範疇占比僅次於烹飪方法的為文化影響因素（參考點出現合計 22 次），其中包含文化輸入特徵（參考點出現 11 次）和文化輸出特徵（參考點出現 11 次）。

身觀點的分析結果，可以看出有較多受訪的專業主廚會認為現今葡萄牙飲食所呈現的風貌，與「地理大發現」及「大航海時代」等歷史背景有關，而這些歷史背景對葡萄牙飲食產生了文化面的影響，這些都可歸納為葡萄牙飲食中的文化輸入特徵。由於「地理大發現」及「大航海時代」等因素，使得當時的葡萄牙帝國成為了擁有國土橫跨美、歐、非、亞洲諸多海外屬地的一個國家[14]。隨著大航海活動使得葡萄牙成為一個地跨四洲、幅員遼闊的帝國，同時也為葡萄牙飲食文化帶來了巨大的變革，從各洲屬地所傳入的各地食材原料、烹調方式、飲食習慣等，使得葡萄牙飲食吸收了更多元的文化，更進一步內化融入葡萄牙歐洲本土的飲食習慣，成為當時葡萄牙一種新潮、異域風格的飲食文化，更一路延續傳承到今日。

另一方面，葡萄牙的飲食上除了有著文化輸入的特徵，同時也存在著文化輸出特徵。同樣基於「地理大發現」及「大航海時代」等歷史在文化面的影響，葡萄牙人通過上述的海外活動，將原本不存在這些大陸上的烹調方式、物產、食材等帶到了葡萄牙帝國在美、非、亞洲的屬地，葡萄牙的飲食文化也因殖民活動得以向外輸出，在葡萄牙帝國的屬地上形成了一種代表來自統治階層宗主母國的「家鄉味」。這種象徵著「源自葡萄牙（Origem Portuguesa）」的飲食文化，就和建築風格、磁磚畫、傳統服飾等文化現象一般，在殖民地被視為了象徵葡萄牙母國的一種文化符號。這樣的文化符號，一方面作為離鄉背井到海外屬地的葡萄牙人，在心理層面與原生地之間的情感聯繫，另一方面又成為在海外屬地象徵統治階層的文化符號。在實證訪談的過程中，歸納受訪者的觀點大致認為，葡萄牙飲食文化的文化效應主要分為兩方面－對外影響和

---

[14] 從「地理大發現」及「大航海時代」以來，葡萄牙所盛行的主流觀點，是所謂的「多發性洲際主義（Pluricontinentalismo）」；根據這種觀點認為，葡萄牙並非一個「殖民帝國」，而是一個「跨大陸的單一民族的跨洲大國」，其範圍由葡萄牙歐洲本土及其位於美、非、亞各洲的海外屬地共同組成。在此概念之下，殖民地是以海外省份之名作為葡萄牙本土的延伸，葡萄牙本土是非洲、亞洲屬地的文明和穩定來源（Amaral Mota, 2015）。

對內影響，且這兩種效應存在關聯性。例如，歷史上葡萄牙從巴西獲得大量的鹽，從印度得到多種類的香料，以及從澳門帶來新的烹飪方法，都改變了葡萄牙傳統飲食文化。反之，各海外屬地也受到了葡萄牙飲食的影響，對本地飲食文化發生了改變，在澳門甚至在食材和烹調方法上因地制宜，衍生出與原有飲食截然不同的全新飲食模式，成為當地的特色飲食。對此，本文研究者更針對身處中國澳門的 4 位受訪對象做進一步相關提問；根據在澳門工作的受訪葡萄牙主廚所表述，大多認為今日澳門所存在的「土生葡菜（Macanese Cuisine）[15]」飲食文化，可以視為一種在過去數百年歷史過程當中，作為葡萄牙海外屬地的澳門受到葡萄牙飲食文化輸出影響的表徵和積累結晶。時至今日，「Portuguese Cuisine（葡萄牙菜）」和「土生葡菜」在澳門分庭抗禮各自呈現不同的飲食風貌，可以說是葡萄牙飲食文化對前葡屬地在飲食文化影響的一個鮮活實例。

此外值得一提的是葡萄牙飲食中所隱含宗教文化影響下的食材特徵。鱈魚（pescada）和經大量海鹽醃漬以便保存的鱈魚乾（bacalhau），是葡萄牙飲食中十分常見的魚類食材。葡萄牙人對於鱈魚的熱愛是出了名的，大都以其多樣化的烹調方式來形容，諸如「鱈魚有

---

[15] 十六、十七世紀，葡萄牙大力開闢東方海路，為非洲、印度和麻六甲沿岸的香料貿易鋪平道路，將異國香料和飲食文化帶到澳門。此外，不少葡萄牙人與澳門本地華人及上述地區居民結婚，在澳門社會中形成了一個特殊的族群「土生葡人（Macanese）」。在過去幾個世紀，不同的東、西方食材和烹調風格逐漸融入土生葡人家庭烹製的傳統葡萄牙菜餚中，形成了一種有別於傳統葡萄牙菜的新菜系，稱之為「土生葡菜（Macanese Cuisine）」。這種以葡萄牙美食為基礎，將這些來自非洲、東南亞和印度的香料和食材（如咖哩、椰奶、丁香和肉桂），以中國烹飪技巧結合在一起，形成一種融合了包括葡萄牙菜以及來自印度、馬來西亞、非洲各地以及澳門當地華人的食材和烹飪方法，代表著澳門 400 多年歷史所積累形成獨特的飲食文化。最著名的招牌菜包括「非洲雞（Galinha à Africana）」和「澳門辣椒蝦（Gambas à Macau）」。「土生葡菜」自 2012 年被列入澳門非物質文化遺產名錄，2021年被列入中國國家級非物質文化遺產代表作名錄（Macao Government Tourism Office, 2022; Rodrigues, 2020）。

上千道食譜」或是「鱈魚做法之多，一天做一種，一整年也做不完」之類的說法，不約而同地出現在多位受訪對象的逐字稿中，也顯示出鱈魚是葡萄牙傳統飲食中一項重要特徵。事實上，鱈魚並非鄰近葡萄牙的大西洋海域所盛產，鱈魚之所以在葡萄牙飲食文化中的高出現率，除了食材本身風味、營養價值等因素之外，應和宗教傳統、文化因素有關。由於過去信徒需奉行齋戒期間不食肉的清規，使得富含高蛋白、低脂肪的鱈魚，成為在大多數信奉天主教的葡萄牙人遵守戒律期間替代肉類攝取飲食的選擇[16]。隨著守齋做法的與時俱進，守齋的時間不再像過去嚴苛和頻繁，但這個原屬於齋戒日的美味，漸漸已變成葡萄牙人飲食習慣和生活文化的一部分；根據受訪對象所舉例介紹，和作者對於葡萄牙傳統菜餚食譜的對比分析，諸如「Almôndegas de Pescada e Grão-De-Bico（鱈魚和鷹嘴豆雞肉丸）」、「bacalhau à Gomes de Sá（馬介休鱈魚砂鍋）」都是葡萄牙飲食中常見的鱈魚料理菜式。

3. 葡萄牙飲食概念中與地中海飲食相符的元素

　　從訪談當中所收集內容的分析後發現，針對於地中海飲食概念和葡萄牙飲食特徵之間的關係訪問的反饋內容可以看出，無論從食材特徵、烹調特徵、營養成分特徵、文化特徵等方面，受訪對象一致性認為兩者之間是存在高度相關性。根據研究者過往在葡萄牙的實地觀察經驗，日常飲食所使用的食材，包括了使用豐富的蔬菜、豆類、肉類或魚類等食

---

[16] 基督宗教復活節前有一個長達四十天的守齋（Ieiunium）期，被稱之為「四旬期（Quadragesima）」，在此期間信徒需奉行禁食肉類的戒律。整個節期從首日（聖灰星期三/塗灰日）開始至復活節止，一共四十天（不計六個禮拜天主日）；在過去，信徒需在此期間奉行守「大齋」。除了生病、孕婦、重工等，可免守大小齋的特殊情況外，凡滿十八歲到未滿六十歲者應遵守大齋法，即一天只飽食一餐，其他兩餐可進少量食物；年滿十四歲者須遵循小齋，意指不食熱血動物的肉類及其製品，但魚、蛋及乳類食物不在此限（《天主教法典》1252 條）。今日天主教會則基本規定全年每週星期五應守小齋，不食肉類；聖灰禮儀星期三，及吾主耶穌基督死難日星期五則應守大齋及小齋（《天主教法典》1251 條）。由於不同地方的主教團可規定不同守大、小齋的方式，因此今日各地天主教徒的守齋方式會有所不同。

物，大致與地中海飲食中較常見的食材相近。此外，重視食材新鮮、與產地接近、符合時令的概念，也反映在筆者於葡萄牙當地所觀察訪問所得到的要訣，即在葡萄牙想要吃魚不是難事，但不應一成不變，只要魚和時令夠新鮮，簡單的烤魚方式就能讓饕客大快朵頤。

　　葡萄牙擁有總長近 1,793 公里濱臨大西洋的海岸線，扣除在馬德拉群島（Ilhas da Madeira）和亞速爾群島（Ilhas dos Açores）兩個外島地區的海岸線，在伊比利亞半島本土部分濱大西洋海岸線總長達 987 公里（Lacasta, 2016）。地理條件加上由來已久的海上活動，葡萄牙可謂是古老的海洋國度，擅長航海和捕撈的葡萄牙人善於利用海洋漁獲資源，按季節時令食用各類海鮮漁獲早已經是葡萄牙人的飲食習慣。地處氣候相對溫暖的西南歐，加上伊比利亞半島日照充足的條件，適宜番茄、洋蔥、稻米、柳橙、哈密瓜等蔬果和糧食的栽植和生產，成為了葡萄牙飲食文化的主要食材。此外，伊比利亞半島是橄欖種植的最佳環境，生產的橄欖油供應全球超過六成的市場需求；作為橄欖油生產國的葡萄牙，自古以來在飲食烹調當中便是以橄欖油為主要的油脂來源。根據統計數據（Vilar, 2021），葡萄牙人對橄欖油年均消費量為 7.9 公斤[17]，可見葡萄牙人飲食習慣當中對橄欖油的倚重程度；橄欖油的使用可謂是葡萄牙飲食的特徵之一。從食材選擇方面，受訪對象認為葡萄牙料理中最常使用的食材，包含了洋蔥、番茄、青椒、馬鈴薯（土豆）、生菜等蔬果類；鹽醃鱈魚乾（bacalhau）、沙丁魚等魚類；蝦、八爪魚、墨魚、蛤蠣等海鮮；火腿（presunto）、臘腸（chouriço）、血腸（morcela）等燻製加工肉品；大蒜、香菜、鹽、胡椒、燈籠椒粉等調味用食材，以及作為主要食用油脂的橄欖油。從訪談內容所進行單詞相似性聚類分析可知，

---

[17] 據 2021 年由 Juan Vilar Strategic Consultants 所發布的橄欖油全球調查統計，全球有 198 個橄欖油消費國家，共消費了 320 萬噸橄欖油。全球橄欖油的生產國有 67 個，橄欖油人均消費較大的國家多為橄欖油的生產國，包括有全球人均消費量首位的是聖馬力諾，橄欖油人均每年消費達 22 公斤，其次依序是希臘 12 公斤、西班牙 11.7 公斤、梵蒂岡 10.7 公斤、義大利 8.2 公斤、葡萄牙 7.9 公斤（Vilar, 2021）。

　　受訪對象所提到葡萄牙飲食在食材選擇方面所出現的食材高頻詞彙，與地中海飲食模式常見的食材高度重疊，可以解釋為地中海飲食模式與葡萄牙飲食兩者之間在食材使用特徵上具有相當高的相似性。

　　再者，從烹調方式對於葡萄牙飲食與地中海飲食在烹調方式特徵的異同比較，可以從訪談當中受訪對象工作餐廳所供應的葡萄牙傳統料理種類當中，出現較多的種類例如葡萄牙人常見的傳統菜色，諸如湯品類的「caldo verde（捲心菜湯）」、「açordas（麵包湯）」；米食類料理「Arroz de Pato（鴨肉燉飯）」、「Arroz de Polvo（八爪魚燉飯）」、「Arroz de Tomate（番茄燉飯）」等；禽肉類料理「Frango Piri Piri（辣椒烤雞）」、「jardiniras（園丁燉肉）」；海鮮類料理「Bolinho de bacalhau（炸馬介休鱈魚球）」、「（Caldeirada 燉魚）」、「Cataplana（銅鍋燉海鮮豬肉）」、「Camarão Moçambique（莫桑比克蝦）」等。另外，根據先前訪談結果分析中曾提及葡萄牙飲食在烹調方式上的特徵，可見葡萄牙飲食中較多使用的烹調方式，大多是將食材進行如烤、炸、燉煮等較為單一的烹調方式，主廚在專業技術上的主要展現在對食材的挑選和調味，其次才是對火候的技術掌握。這一方面與地中海飲食模式當中所崇尚簡單的烹調工序較為相近。有受訪對象認為，葡萄牙飲食與地中海飲食模式都會使用大量的蔬菜食材和優質的油脂，這些對於人們的身體健康都是較有益處的。葡萄牙由於地理位置、氣候條件、物產條件等與環地中海區域相近，所以使用的食材種類也較為相近，製作方法也十分相似，隨著地中海飲食模式在營養飲食模式受到全球的關注，也使得地中海飲食模式對於葡萄牙人的飲食習慣上有了較大的影響。然而值得留意的是，亦有受訪對象觀點認為，葡萄牙本身並不屬於環地中海區域，飲食方式與地中海飲食模式有一段程度上的差異。由此也顯示出葡萄牙人對於地中海飲食模式的認知，和葡萄牙飲食特徵與地中海飲食模式之間的關聯性，在觀點上仍存在一定程度的分歧。

　　經由訪談的分析，對葡萄牙飲食與地中海飲食在營養成分特徵的異同比較，可從受訪對象的看法中，大致發現由於兩種飲食模式裡面常見食材有相當程度的相似性。因此從食材本身所富含的營養成分而言，兩者在營養成分方面存在高度的同質性。植物源性食品在地中海飲食中占

主導地位，發酵乳製品、魚類的消費量適中，肉類消費量低，主要是白色（家禽和兔肉）。地中海飲食模式當中所強調以植物食材為基礎，包含大量葉菜類、根莖類蔬菜、水果類、豆類、穀物雜糧、堅果類等食材；這些也都是葡萄牙飲食模式中經常可見的食材。以「Almôndegas de Pescada e Grão-De-Bico（鱈魚和鷹嘴豆雞肉丸）」為例，除了使用鱈魚、雞肉為素材，更使用豐富的植物性食材，包括蕃茄、南瓜、鷹嘴豆（grão de bico）等食材，以及藏紅花（Açafrão）、胡椒、香菜等植物作為調味，與地中海飲食模式中重視使用蔬菜、豆類等植物性食材的概念一致，可說明葡萄牙飲食與地中海飲食兩者之間的共通特徵。其次，地中海飲食模式強調以新鮮魚貝類海鮮取代紅肉，這些也能夠在葡萄牙飲食當中大量攝取漁獲海鮮的習慣當中可以看出相似之處[18]。部分受訪對象從營養價值觀點指出，葡萄牙使用的都是優質橄欖油進行食物的製作，是一種健康的油脂，不同於其他國家依賴動物性飽和脂肪，橄欖油油溫低煙點低，並且是植物性油脂，即便是大量使用，產生這些有害物的成分很低。葡萄牙飲食烹調過程中偏好大量使用橄欖油的習慣，事實上和地中海飲食模式在烹飪時的油脂使用概念相符，使用如橄欖油或亞麻油之類富含單不飽和脂肪酸的油脂，減少動物油和人造脂肪的使用。此外，傳統的地中海飲食也強調適量攝取乳製品（芝士和乳酪）及紅酒，這點也可以在葡萄牙料理中可見到加入奶製品、乳酪當中觀察到兩種飲食的共通性。

最後再從用餐習慣、餐桌文化方面特徵，對葡萄牙飲食與地中海飲食在文化特徵方面進行對照，可以發現葡萄牙人用餐時慣用葡萄酒佐餐；除了適量飲用葡萄酒能在營養價值上對人體健康產生的助益，同時飲用葡萄酒也可作為席間與同桌用餐者交流互動的助興輔助媒介，這對於促進愉悅的共同進餐氣氛有所助益，也符合地中海飲食模式當中強調的同桌共享精神相同。葡萄牙人使用葡萄酒佐餐已有近兩千年的歷史，

---

[18] 作者按：葡萄牙飲食中十分常見的魚類食材的鹽醃鱈魚乾（bacalhau，粵語圈中文稱之為「馬介休」），嚴格定義來說，應屬於鹽醃加工水產品，而非屬於新鮮海鮮。

也會搭配時機飲用不同種類的葡萄酒，例如餐前會挑選開胃的葡萄酒種類，而餐間亦會根據菜餚順序先後，搭配合適的葡萄酒。例如，享用海鮮或魚料理時要配白葡萄酒（vinho branco）、享用紅肉類料理時搭配紅葡萄酒（vinho tinto）、享用冷菜時會選擇搭配玫瑰粉紅葡萄酒（vinho rosé）、享用餐後甜點時再搭配含氣泡葡萄酒（vinho espumante）、用餐過後則會搭配助消化的加烈葡萄酒（vinhos fortificados）。葡萄牙人這種講究菜肴與酒的搭配，注重用餐的餐桌文化和用餐氣氛的營造，都符合了地中海飲食模式中，在食物以外所強調的飲食文化核心價值，包括了共桌用餐、愉悅用餐的概念落實。

五、結　語

　　「地中海飲食」經過健康醫學、營養學長期投入的觀察和研究，證實可以減少多種疾病的發病風險並減低死亡率，已經是受到高度肯定和推崇的一種飲食模式。此外，隨著「地中海飲食」成為由環地中海區域七國所共有的人類非物質文化遺產，使得它在文化上的普世價值也獲得了確立。本文在此基礎之上，對於擁有「地中海飲食」世界非物質文化遺產的七個國家當中，唯一一個國土未濱臨地中海的國家進行探討，並對於葡萄牙飲食和地中海飲食兩者間的特徵，藉由實證研究方法，從食材和文化等方面進行了對比分析。

　　經過前述的分析與驗證，通過對地域條件、烹調方式、文化輸入（融合）、文化輸出（擴散）、食材選擇、營養成分、食譜等方面所進行的實證分析；經由從事葡萄牙菜餐廳的專業主廚受訪對象所收取的訪談實證數據分析，本文大致可以從食材、烹調、文化背景等方面歸納出葡萄牙飲食文化的特徵。葡萄牙飲食當中所常見的植物性代表食材，大致包括了番茄、洋蔥、馬鈴薯等蔬果，作為調味的大蒜、香菜、月桂葉，以及大量使用橄欖油作為食用油脂。此外，葡萄牙在烹調方式上，主要使用了燉煮、油炸、燒烤等較為單一的做法。同時，大海賜予了葡萄牙得天獨厚的豐富海洋資源，諸如深海魚類、章魚、烏賊、蝦、蟹、

貝殼等各類豐富的海鮮食材。優越的地理條件加上歷史悠久的海上活動，使得葡萄牙人習慣於利用海洋漁獲資源，食用大量海鮮。通過對葡國南部城鎮 Tavira 的案例探討淺析，可以了解到地中海飲食在葡萄牙這座依山傍海的代表社群城鎮，如何以一種具體而微的風貌，成為地中海飲食模式在葡萄牙的最佳展示櫥窗。

　　放眼當今全球異文化美食的各國飲食文化當中，無論是在歐洲乃至於全球範圍內，葡萄牙的飲食事實上並未受到較大的關注，也甚少有葡萄牙本國人士以外的研究者對它進行較深入的學術探討。這個看似沒沒無聞的飲食文化，若從文化傳播的歷史視角，卻是一個甚具文化影響力的角色；隨著所謂「地理大發現」和「大航海時代」的海上活動，葡萄牙飲食一方面因文化輸入產生了改變和融合，同時另一方面也使得葡萄牙飲食成為了一種文化輸出的載體，在世界其他地方產生了新的融合。本文的研究貢獻並非僅止於了解飲食本身，更進一步的希望能從文化層面，對於這個曾經在全球範圍叱吒一時的飲食異文化，開啟更多的關注和有意義的探討。由本文的對比分析中，可以清楚看出，受到地緣、歷史、文化等因素下，葡萄牙飲食的特徵上與地中海飲食模式，事實上存在相當程度的相似性，葡萄牙傳統飲食菜餚相當程度可視為一種地中海飲食模式的體現。然而，從葡萄牙學界相關的調查研究顯示，葡萄牙人一方面對於地中海飲食模式仍存在一定的陌生和距離感，另一方面地中海飲食模式也在葡萄牙面臨傳承和推廣上的危機。基於地中海飲食模式已經是一種獲得普遍共識的人類健康飲食模式，與其同質性甚高的葡萄牙飲食文化，理當也值得更多世人投入更大的關注。

❧ 參考文獻

Aboul-Enein, B. H., Puddy, W. C. & Bernstein, J. (2020). Ancel Benjamin Keys (1904-2004): His early works and the legacy of the modern Mediterranean diet. *Journal of Medical Biography*, 28(3), 139-147. https://doi.org/10.1177/0967772017727696

Adam Drewnowski & Petra Eichelsdoerfer (2009).The Mediterranean- diet: Does it have to cost more? *Public Health Nutrition*, 12(9), 1621-1628.

Albala, K. (ed.) (2011). *Food cultures of the world encyclopedia* (Vol. 2). Santa Barbara, CA: Greenwood.

Amaral Mota, Manuel (2015). O Comprehensive Approach Português Dos Descobrimentos Às Colónias. *Revista Militar*, Vol. 2566 (Novembro de 2015), pp. 879 - 890. Retrieved from https://www.revistamilitar.pt/artigo/1062

Alves, R. (2021). Mediterranean Diet in Europe: how are mature adults and elderly moving closer to this diet pattern?. *European Journal of Public Health*, 31(3), 169.

Berry, E. M. (2019). Sustainable food systems and the Mediterranean diet. *Nutrients*, 11(9), 2229.

Block, Eric (2010). *Garlic and Other Alliums: The Lore and the Science*. Cambridge: Royal Society of Chemistry.

Carlsen, Monica H., Halvorsen, Bente L. & Holte, Kari (2010). The total antioxidant content of more than 3100 foods, beverages, spices, herbs and supplements used worldwide. *Nutrition Journal*, 9(3), 507.

CCDR Algarve (2021). *Algarve - Censos 2021 (resultados preliminares). Comissão de Coordenação e Desenvolvimento Regional do Algarve*. Retrieved from https://www.ccdr-alg.pt/site/info/algarve-censos-2021-resultados-preliminares

Climate-Data.Org (2022). *Climate Tariva (Portugal)*. Retrieved from https://en.climate-data.org/europa/portugal/tavira/tavira-6993/

Comunidade Representativa de Tavira (2018). *Salvaguarda Dieta Mediterrânica - Plano de Atividades 2018-2021, para a região do Algarve*. Retrieved from http://www.dietamediterranica.net/sites/default/files/CRDM_PA_2018_2021_Algarve_v1.pdf

Correia, V. B. (2016) *A dieta Mediterrânica como ferramenta pedagógica em contexto escolar (Master), Universidade do Porto, Faculdade de Ciências da Nutrição e Alimentação da Universidade do Porto*. Retrieved http://catalogo.up.pt:80/F/f rom?func¼direct&doc_number¼000839091&local_base¼CNAUP

David Dunér (2020). The cultural semiotics of African encounters: Eighteenth-Century images of the other. *Semiotica* 2020, (232), 103-146.

DGADR (2021). *Produtos Tradicionais Portugueses. Direção-Geral de Agricultura e Desenvolvimento Rural (Portugal)*. Retrieved from https://tradicional.dgadr.gov.pt/

DGS, FCNAUP & DGC (2016). *Roda da Alimentação Mediterrânica: Cartaz da Roda da Alimentação Mediterrânica*. Retrieved from https://nutrimento.pt/ activeapp/wp-content/uploads/2016/06/Cartaz-A3-13_med.pdf

Dernini, Sandro (2008). The Strategic Proposal for the Candidacy of the Mediterranean Diet for Inclusion in the UNESCO List of Intangible Cultural Heritage. Paronama. *IEMed Mediterranean Yearbook 2008*. 288-291. Retrieved from https://www.iemed.org/wp-content/uploads/2021/04/The-Strategic-Proposal-for-the-Candidacy-of-the-Mediterranean-Diet-for-Inclusion-in-the-UNESCO-List-of-Intangible-Cultural-Heritage.pdf

Dernini, S., Meybeck, A., Burlingame, B., Gitz, V., Lacirignola, C. & Debs, P. et al. (2013). Developing a methodological approach for assessing the sustainability of diets: the Mediterranean diet as a case study. *New Medit*, 12, 28-36.

Donini, L. M., Dernini, S., Lairon, D., Serra-Majem, L., Amiot, M.-J. & Del Balzo, V. et al. (2016). A consensus proposal for nutritional indicators to assess the sustainability of a healthy diet: the Mediterranean diet as a case study. *Frontiers in Nutrition*, 3, 37.

Emilio Martinez de Victoria Muñoz & Angel Gil (2021). Mediterranean diet. Reference Module in Food Science.

Essid, M. Y. (2012). *History of the Mediterranean Food. In MediTERRA 2012: The Mediterranean Diet for Sustainable Regional Development*. Paris: Presses de Sciences Po. pp. 51-69.

FAO (2019). Treasuring the cultural and heritage dimensions of the Mediterranean diet: FAO Director-General calls for greater promotion of sustainable, local diets. *FAO Press Release* (11 June 2019, Rome). Retrieved from https://www.fao.org/news/story/en/item/1197746/icode/

Ferrer-Gallardo, X., Albet-Mas, A. & Espiñeira, K. (2015). The borderscape of Punta Tarifa: concurrent invisibilisation practices at Europe's ultimate peninsula. *Cultural Geographies*. Vol. 22(3), 539-547. Retrieved from http://cgj.sagepub.com/content/22/3/539.full.pdf+html

Hamid El Bilali, Gianluigi Cardone, Francesco Bottalico, Giovanni Ottomano Palmisano, Antonia Acquafredda & Roberto Capone (2021). Mediterranean Diet in the Western Balkans, *AGROFOR*, 6(2), 77-89.

Helena Real, Rui Rosa Dias & Pedro Graça (2020). Mediterranean Diet conceptual model and future trends of its use in Portugal. *Health Promotion International*, 36(2), 548-560.

Henry Blackburn (2017). Invited Commentary: 30-Year Perspective on the Seven Countries Study. *American Journal of Epidemiology*, 185(11), 1143-1147.

Iglesias, M. T. (2019). Culture and Mediterranean Diet. *Journal of Nutrition*, 3(2), 9.

Jackson, J. B. (1984). *Discovering the vernacular landscape*. New Haven, Connecticut: Yale University Press.

Jia Shen, Kobina, A. W. & Nima Ghasemzadeh (2015). Mediterranean Dietary Patterns and Cardiovascular Health. *Annual Review of Nutrition*, 35, 425-449.

Kastorini, C. M., Milionis, H. J., Esposito, K., Giugliano, D., Goudevenos, J. A. & Panagiotakos, D. B. (2011). The effect of Mediterranean diet on metabolic syndrome and its components: a meta-analysis of 50 studies and 534,906 individuals. *Journal of the American College of Cardiology*, 57(11), 1299-1313. https://doi.org/10.1016/j.jacc.2010.09.073

Keys, A. (1995). Mediterranean diet and public health: personal reflections. *The American Journal of Clinical Nutrition*, 61, 1321s-1323s.

Lacasta, Nuno (2016). LITORAL XXI: Governança e Programa de Ação. Agência Portuguesa do Ambiente. *Vagos*, 1 de julho 2016. Retrieved from https://www.portugal.gov.pt/download-ficheiros/ficheiro.aspx?v=%3D%3DBAA

AAB%2BLCAAAAAAABAAzNrIwBABsBXSiBAAAAA%3D%3D

Lopes, C., Torres, D., Oliveira, A., Severo, M., Alarcão, V., Guiomar, S. et al. (2017). Inquérito Alimentar Nacional e de Atividade Física, IAN-AF 2015-2016: Relato´rio de Resultados. Retrieved from https://www.ian-af.up.pt

Macey, D. (2001). *The Penguin Dictionary of Critical Theory*. London: Penguin Books.

Município de Tavira (2021a). Onde dormir e comer- Gastronomia e vinhos Tarvia. Retrieved from https://cm-tavira.pt/site/onde-dormir-e-comer/gastronomia-e-vinhos/

Município de Tavira (2021b). Visitar-Conhecer Tarvia. Retrieved from https://cm-tavira.pt/site/conhecer-tavira/tavira/

National Heritage Board (2022). Hawker Culture in Singapore. Retrieved from https://www.oursgheritage.gov.sg/hawker-culture-in-singapore

Navarro-Tapia, Elisabet, Chenoll, Empar Rueda, Janice & Ramón, Daniel (2022). 3.02 - Gut Microbiome and Diet. In Glibetic, Maria (ed.), Comprehensive Gut Microbiota. Amsterdam: Elsevier. 12-29. Retrieved from https://doi.org/10.1016/B978-0-12-819265-8.00105-4.

New York Times (2018). Singapore's Claim as a Street-Food Hub Riles Malaysians. (Nov. 5, 2018) Retrieved from https://www.nytimes.com/2018/11/05/world/ asia/ singapore-malaysia-street-food-unesco.html

Pérez-Lloréns, J. L., Acosta, Y. & Brun, F. G. (2021). Seafood in Mediterranean countries: A culinary journey through history, International Journal of Gastronomy and Food Science, Vol. 26, 100437, https://doi.org/10.1016/j.ijgfs.2021.100437.

Preedy, Victor R., Watson & Ronald Ross (eds.) (2020). Front Matter. In The Mediterranean Diet (Second Edition). Cambridge, MA: Academic Press. i-ii. https://doi.org/10.1016/B978-0-12-818649-7.09991-4.

Real, H., Queiroz, J. & Graca, P. (2020) Mediterranean food pattern vs. Mediterranean diet: a necessary approach? International Journal of Food Sciences and Nutrition, 71, 1-12.

Real, H., Dias, R. R. & Graça, P. (2021). Mediterranean Diet conceptual model and future trends of its use in Portugal. Health promotion international, 36(2), 548-

560. https://doi.org/10.1093/heapro/daaa056

Reguant-Aleix, J. (2012). The Mediterranean diet: designed for future. In MediTERRA 2012: The Mediterranean Diet for Sustainable Regional Development. Paris: Presses de Sciences Po. pp. 29-50.

Renzella J., Townsend N., Jewell J., Breda J., Roberts N. & Rayner M. et al. (2018). What national and subnational interventions and policies based on Mediterranean and Nordic diets are recommended or implemented in the WHO European Region, and is there evidence of effectiveness in reducing noncommunicable diseases? Copenhagen: WHO Regional Office for Europe (Health Evidence Network (HEN) synthesis report 58). Retrieved from https://www.euro.who.int/__data/assets/pdf_file/0011/365285/hen-58-eng.pdf

Macao Government Tourism Office (2022). Macanese Cuisine. Retrieved from https://www.gastronomy.gov.mo/#macanese-cuisine

MENA (2019). Portugal: Government promotes and promotes Mediterranean diet. MENA Report (Feb. 28 2019). Retrieved from https://www.proquest.com/wire-feeds/portugal-government-promotes-mediterranean-diet/docview/ 2187086342/se-2

Rodrigues, Manuel Fernandes (2020). Macanese Cuisine: Fusion or Evolution? Review of Culture (International Edition), Vol. 62, 17-25.

Sara Danuta Petersson & Elena Philippou (2016). Mediterranean Diet, Cognitive Function, and Dementia: A Systematic Review of the Evidence. Adv Nutr, 7(5), 889-904.

Serra-Majem, L., Ribas, L., Ngo, J., Ortega, R. M., García, A., Pérez-Rodrigo, C. & Aranceta, J. (2004). Food, youth and the Mediterranean diet in Spain. Development of KIDMED, Mediterranean Diet Quality Index in children and adolescents. Public health nutrition, 7(7), 931-935. https://doi.org/10.1079/phn2004556

Sofi, F., Cesari, F., Abbate, R., Gensini, G. F. & Casini, A. (2008). Adherence to Mediterranean diet and health status: meta-analysis. British Medical Journal (Clinical research ed.), 337, a1344. https://doi.org/10.1136/bmj.a1344

Sofi, F., Abbate, R., Gensini, G. F. & Casini, A. (2010). Accruing evidence on benefits of adherence to the Mediterranean diet on health: an updated systematic review and meta-analysis. The American journal of clinical nutrition, 92(5), 1189-1196. https://doi.org/10.3945/ajcn.2010.29673

Sotos-Prieto, M., Moreno-Franco, B., Ordovás, J. M., León, M., Casasnovas, J. A. & Penalvo, J. L. (2015). Design and development of an instrument to measure overall lifestyle habits for epidemiological research: the Mediterranean Lifestyle (MEDLIFE) index. Public Health Nutrition, 18, 959-967.

Stanislawski, D. (1963). Portugal's other kingdom: The Algarve. Austin, Texas: University of Texas Press.

Tastealtas (2021). Dessert-Dom Rodrigo (Dom Rodrigos, Bolo de Dom Rodrigos). Retrieved from https://www.tasteatlas.com/dom-rodrigo

Trichopoulou, A. & Vasilopoulou, E. (2016). Mediterranean Diet. In Caballero, Benjamin, Finglas, Paul M. & Toldrá, Fidel (eds.), Encyclopedia of Food and Health. Cambridge, MA: Academic Press, 711-714. https://doi.org/10.1016/B978-0-12-384947-2.00454-2

UNESCO (United Nations Educational, Scientific and Cultural Organization) (2003). Convention for the safeguarding of the intangible cultural heritage. 32nd session General Conference, Paris, 29 September to 17 October 2003. Retrieved from https://ich.unesco.org/en/convention

UNESCO (2010a). Nomination File No. 00394 For Inscription in 2010 on the Representative List of The Intangible Cultural Heritage Of Humanity, Convention for the Safeguarding of the Intangible Cultural Heritage, Intergovernmental Committee for the Safeguarding of the Intangible Cultural Heritage. Fifth session, Nairobi, Kenya, November 2010. Retrieved from https://ich.unesco.org/doc/download.php?versionID=07372

UNESCO (2010b). Decision 5.COM 6.41, UNESCO Culture Sector, Fifth Session of the Intergovernmental Committee (5.COM), 15 to 19 November 2010. Retrieved from https://ich.unesco.org/en/Decisions/5.COM/6.41

UNESCO (2010c). Decision 5.COM 6.30, UNESCO Culture Sector, Fifth Session of the Intergovernmental Committee (5.COM), 15 to 19 November 2010. Retrieved from https://ich.unesco.org/en/Decisions/5.COM/6.30

UNESCO (2010d). Decision 5.COM 6.14, UNESCO Culture Sector, Fifth Session of the Intergovernmental Committee (5.COM), 15 to 19 November 2010. Retrieved from https://ich.unesco.org/en/Decisions/5.COM/6.14

UNESCO (2013a). Nomination File No. 00884 For Inscription in 2013 on the Representative List of The Intangible Cultural Heritage Of Humanity, Convention for the Safeguarding of the Intangible Cultural Heritage, Intergovernmental Committee for the Safeguarding of the Intangible Cultural Heritage. Eighth session, Baku, Azerbaijan, December 2013. Retrieved from https://ich.unesco.org/doc/download.php?versionID=20926

UNESCO (2013b). Decision 8.COM 8.10, UNESCO Culture Sector, Eighth Session of the Intergovernmental Committee (8.COM), 2 to 7 December 2013. Retrieved from https://ich.unesco.org/en/decisions/8.COM/8.10.

UNESCO (2013c). Decision 8.COM 8.17, UNESCO Culture Sector, Eighth Session of the Intergovernmental Committee (8.COM), 2 to 7 December 2013. Retrieved from https://ich.unesco.org/en/Decisions/8.COM/8.17

UNESCO (2013d)Decision 8.COM 8.23, UNESCO Culture Sector, Eighth Session of the Intergovernmental Committee (8.COM), 2 to 7 December 2013. Retrieved from https://ich.unesco.org/en/Decisions/8.COM/8.23

UNESCO (2017). Decision 12.COM 11.b.17, UNESCO Culture Sector, Twelfth session of the Committee (12.COM), 4 to 9 December 2017. Retrieved from https://ich.unesco.org/en/Decisions/12.COM/11.b.17

UNESCO (2020). Decision 15.COM 8.b.6, UNESCO Culture Sector, Fifteenth session of the Intergovernmental Committee (15.COM), 14 to 18 December 2020. Retrieved from https://ich.unesco.org/en/Decisions/15.COM/8.b.6

UNWHO (2020). Mid-point evaluation of the implementation of the WHO global action plan for the prevention and control of non-communicable diseases 2013-2020 (NCD-GAP). Geneve: WHO Evaluation office. Retrieved from https://cdn.who.int/media/docs/default-source/documents/about- us/evaluation/ ncd-gap-final-report.pdf?sfvrsn=55b22b89_5&download=true

U.S. News & World Report.(2022). U.S. News Best Diets: How We Rated 40 Eating

Plans. Retrieved from https://health.usnews.com/wellness/food/articles/how-us-news-ranks-best-diets

Vilar, Juan (2021). San Marino es el Mayor Consumidor Percápita de Aceites de Oliva del Planeta (Jul. 30, 2021). Juan Vilar Strategic Consultants. Retrieved from https://www.juanvilar.com/san-marino-es-el-mayor-consumidor-percapita-de-aceites-de-oliva-del-planeta/

Chapter
2

葡萄牙非物質文化遺產的傳播與認同：Fado 音樂之實證研究

The Cultural Dissemination and Identity of Portuguese Intangible Heritage: An Empirical Study to the Fado Music

柳嘉信、何卓欣、王曉琳

Eusebio C. Leou, Zhuoxin He, Xiaolin Wang

本章提要

　　Fado（法多、法朵）音樂在 2011 年獲聯合國教科文組織列名葡萄牙的《人類非物質文化遺產》，象徵著它成為葡萄牙面向全球時的一種文化符號。然而，Fado 音樂雖然作為葡萄牙一種歷史傳承的無形文化資產，但當前卻與諸多傳統藝術同樣面臨著在原生國家發展日趨式微的處境。如何重拾受眾對於傳統藝術文化的重視和認同，從而使文化認同能夠增進對傳統藝術的文化傳播，對於無形文化資產的保存和傳承，至關重要。本文以葡萄牙 Fado 音樂為研究對象，透過探討不同國籍身分的觀眾對於文化認同的差異，分析文化認同與文化傳播的關係，進而找到 Fado 音樂傳播的有效方式。本文以半結構訪談方式，對 Fado 音樂專業藝術工作者、葡萄牙 Fado 觀眾、外籍 Fado 觀眾等三個對象群體分別進行訪談，並通過 NVivo 12 版本軟件輔助，進行內容分析以及敘事分析；結果發現，觀眾對於 Fado 音樂的文化認同感程度，會因受眾對象的身分不同而異；文化認同感越強，對於文化傳播的效果越好。本文亦同時發現，Fado 音樂在今日葡萄牙具有一定程度的社會認知度，但從受眾分布的情形，相較於其他表演藝術活動，仍處於相對弱勢的地位。從全球範圍而言，提升觀眾對於 Fado 音樂的文化認同感，對 Fado 音樂的對外文化傳播具有正向影響，有助於 Fado 音樂的保存和推廣。

關鍵詞：Fado（法多、法朵）音樂、文化傳播、文化認同、非物質文化遺產、葡萄牙

Abstract

　　Fado music can be traced back to the history of Portugal in the 19th century. The development of Fado music can be formed as a cultural symbol, which has witnessed Portugal history for thousands of years. In 2011, Fado was inscribed as an "Intangible Cultural Heritage" of Portugal by UNESCO. In order to protect intangible cultural heritage, cultural identity as well as cultural confidence would be established for generating the historical memory of a certain group, city, and state. In this study, Fado music is a research objective. According to explore the differences in cultural identity and analyses the relationship between cultural identity and cultural dissemination as well, there are different kinds of audiences need to be researched for aiming to find out effective way of music dissemination. Individual semi-structured interview was conducted, and participants included professional Fado artists, the Fado audiences of native Portuguese and foreign visitors. Data was collected from the interviewees and processed via NVivo 12th version software for generating the results of content and narrative analysis. The findings of this study are: cultural identity might be differed effected by participants' identities; the more cultural identity caused, the better effective way in dissemination of arts. Meanwhile, arts marketing development would be crucial to the dissemination of Fado music, as well as its conservation and promotion.

Key Words: Fado (music), Cultural Dissemination, Cultural Identity, Intangible Cultural Heritage (ICH), Portugal

一、前　言

　　2011 年，聯合國教科文組織（UNESCO）將「法多，葡萄牙的城市流行歌曲（Fado, urban popular song of Portugal）」列入《人類非物質文化遺產代表作名錄（The Representative List of the Intangible Cultural Heritage of Humanity）》，並在國際上發布明文肯定 Fado 傳統文化的社會價值；同時，Fado 也成為首個入選《人類非物質文化遺產代表作名錄》的葡萄牙非物質文化遺產（6.COM 13.39）（UNESCO, 2011）[1]。上述決議內容中，肯定了 Fado 音樂在葡萄牙乃至全球文化上所具備之價值與地位，不僅僅是葡萄牙的一項傳統文化，更對於包含葡語國家在內的其他國家，具有相當程度的文化影響。

　　Fado 獲選成為葡萄牙的一項人類非物質文化遺產，可以說是實至名歸；因為若在大多數葡萄牙人面前提起 Fado，大概都會表示曾經聽過或

---

[1] 根據聯合國教科文組織下屬「非物質遺產保護國際委員會（Intergovernmental Committee for the Safeguarding of the Intangible Cultural Heritage）」於 2011 年在印尼峇里島所召開的《第六屆非物質遺產保護國際委員會》年會上所做有關 Fado 列名《非遺》的決議內容，Fado 本身所具備下列社會價值（6.COM 13.39）（UNESCO, 2011）：

(1)Fado 用音樂和抒情表達出的多功能性，增強了里斯本社區內的歸屬感和認同感，其領先的從業者繼續將曲目和做法傳播給年輕的表演者；

(2)將 Fado 列入代表名單可以促進與其他音樂流派在國家和國際層面的進一步互動，從而確保對非物質文化遺產的知名度和意識，並鼓勵跨文化對話；

(3)保障措施反映了承載者、地方社區、Fado 博物館（Museu do Fado）、文化部以及其他地方和國家機構的共同努力和承諾，旨在通過教育計劃、研究、出版物、表演、研討會和講習班；

(4)Fado 音樂人、歌手、詩人、歷史學家、製琴師、收藏家、研究人員，Fado 博物館（Museu do Fado）和其他機構參加了提名過程，並表明了他們的自由，事先知情同意；

(5)Fado 被列入 Fado 博物館（Museu do Fado）的目錄中，該目錄於 2005 年擴展為一般目錄，其中還包括各種公共和私人博物館及檔案館的收藏。

略有涉獵 Fado；若進一步追問其對 Fado 的看法或意義，大抵會將它形容為一種葡萄牙傳統音樂的代表風格，帶有一種葡萄牙傳統文化的象徵意義。事實上，在許多有關葡萄牙旅遊情報的攻略、指南或網評當中，或者是研究者過去在伊比利亞半島從事旅遊業工作多年的實地經歷和觀察，Fado 是許多外國遊客造訪葡萄牙過後口耳相傳的一項「Must Try」，是一種在外國遊客口碑中評價甚好的傳統藝文體驗活動，適合遊客利用在 Fado 表演場所最密集的里斯本停留期間，安排於享用晚餐的時間同時觀賞體驗。許多遊客甚至會將 Fado 與伊比利亞半島鄰國西班牙的 Flamenco 表演藝術相提並論，因而有所謂的「到西班牙要看 Flamenco、到葡萄牙要看 Fado」的說法。

研究者的多年實地經驗，或許成為開啟本文研究的濫觴；本研究的初衷，是為了以學術觀點更客觀和科學地了解，無論是從藝術工作者本身，或者是從觀眾的角度，葡萄牙人自己是如何看待 Fado 這一項象徵著自身傳統藝術的無形文化資產。另一方面，從研究者自身的工作經驗和觀察，造訪葡萄牙的外國遊客，可說是最有機會接觸 Fado 音樂的非葡國人觀眾最大群體；這樣龐大的外國遊客群體，在葡萄牙遊歷過程體驗過 Fado 音樂之後，又是如何看待 Fado 這項到葡萄牙「務必一試」的傳統文化。而當前 Fado 音樂在葡萄牙的發展現況與面臨的挑戰，都值得進一步研究與探討。為此，本文將研究重點聚焦於以下幾個研究問題（Research Questions, RQs）：

研究問題 1（RQ1）：受眾差異因素下，葡萄牙觀眾與外籍觀眾對於葡萄牙 Fado 音樂的文化認同程度與主體性的影響？

研究問題 2（RQ2）：全球範圍內葡萄牙 Fado 音樂的文化傳播現狀與限制為何？

研究問題 3（RQ3）：葡萄牙 Fado 音樂在今日葡萄牙的發展現況、受眾分布、社會認知度為何？

Fado 音樂發展的現實性與非物質文化遺產傳承保護的重要性，決定了傳播與認同 Fado 音樂的必要性。本研究以葡萄牙 Fado 音樂為研究物

件，依託實證研究探析 Fado 音樂在不同主體間認同程度，在對現有文獻進行梳理的基礎上，採用半結構式訪談、資料分析、文本分析等方法，探討 Fado 文化的發展現狀，不同國籍身分的觀眾對 Fado 文化的認同差異，以及文化認同與文化傳播之間的關係，進而找到有效傳播 Fado 音樂的方式，提高葡萄牙的文化軟實力。本研究結合文化傳播理論，從文化認同角度出發，對 Fado 文化展開實證研究具有一定的創新意義。

二、理論與現況背景綜述

本文大致涉及文化認同和文化傳播方面的相關理論，以下將分別進行相關理論以及現有相關研究成果的梳理，以期有助於對 Fado 音樂的文化傳播與所造成的文化認同，有進一步的了解。同時，以下亦將會對 Fado 音樂這項人類無形文化資產在其原生地葡萄牙的發展歷程和現況，從背景進行進一步的解析。

（一）文化認同

文化是指特定人群的集體特徵和知識，例如傳統、語言、宗教、飲食、音樂、規範、習俗和價值觀。文化可以通過兩種物質或非物質的方式呈現；物質文化是指象徵或源自某種文化的實物或人工製品，例如書籍、衣服或裝飾品。非物質文化是指塑造行為和思想的信念、價值觀和知識，例如，宗教信仰、歷史習俗或科學知識。通過學習社會化的過程，人們學習和適應社會規範的過程，進而產生文化。文化在人們的行為、思想和感知中發揮著重要作用；通過文化當中的規範性和價值觀，文化往往可以為人們定義什麼是「可接受的」，進而影響人類的集體和個人行為。另一方面，認同是指價值觀、信仰、特徵、外表或其他表達形式。有關文化認同的研究視角，大致上較多從認知、行為、態度、道德等維度進行；其中，認知是指個體對文化的了解程度，行為是個體參與文化活動的過程和評價，態度（或情感）是個體與文化之間的關聯程

度（Kwan & Sodowsky, 1997; Stern, 1999; 雍琳，2003；鄭雪，2005）。

　　早期的文化認同（culture identity），是構建在群體當中的個體之間在文化或次文化層次當中，存在共通點所形成的獨特身分認同（Geertz, 1963）。由於構成文化認同的因素，可能包括而不僅止於以下因素類別：血緣、性別、語言、宗教、種族、社會階層或地理區域等，因此人們往往會因為原生環境而自然而然參與了某個文化認同之中，因此文化認同並非是出於個人的意志選擇，而是由於順應所處環境當中的文化認同。換言之，這種在固定、持續的框架概念下，與人共享歷史、習慣身分的文化認同，是帶有一種與生俱來的先天性基本條件（essence）所形成，而非後天經由個人意志自由形成，這種文化認同也是一種自我文化身分的認同（Hall, 1990; Smith, 2002）。

　　然而，從歷史所經歷過的事實可以看出，這種因先天與生俱來身分而得到的文化認同，都是能夠通過權力的塑造，而重新將人們的身分符號加以定義或劃分，進而使得諸如種族、階級、性別、血統、宗教等、地緣出身等因素，成為一種身分標籤化的區分方式。於是之故，另一種有別於先天身分條件所限制的文化認同應運而生；它是建立在人們日常生活中的行為往來和與社會連結的互動過程（processes interact）（Gollnick & Chinn, 1998），人們藉由後天的互動過程中所經歷到的文化認知歷程，形塑出自己該要遵循哪些規範、價值、行為，好讓自己變成為怎麼樣的身分（what we have become）（Hall, 1990）。先天的身分或許與生俱來無法選擇，但通過後天的行為，可以選擇自己所認同的，變成為（becoming）怎麼樣和做為（being）怎樣的身分（Hall, 1996）。文化認同的構成十分複雜，包含了文化身分、文化符號以及價值文化的認同等，除了群體能夠給個體帶來歸屬感外，還包括個體對群體的評價以及參與群體活動的程度等（Phinney, 1990; 王沛、胡發穩，2011）。文化認同不是恆久不變的，它會隨著社會變遷而產生連動變化，進而也改變文化群體當中個體之間的關係（Hall, 2006）。

　　由於人們存在於不同的文化體系中，文化認同則成為表現對各自不同文化的歸屬感與意識形態，這種對文化符號或文化記憶所產生的共識與認可，形成支配人們行為模式的準則、思維與價值取向。基於文化認

同可以從認知、行為、態度、道德等維度進行分析，本文將對葡萄牙
Fado 音樂在其文化傳播過程中，文化認同因素的影響情形進行探討，了
解文化認同因素是否對於 Fado 音樂產生幫助或阻礙。

（二）文化傳播

　　文化傳播是指文化所包含的元素或特徵從原產地轉移到其他地區，
是一種流動現象；傳播就是文化元素的一種動態流動過程。由於傳播領
域的理論研究架構長久以來一直將傳播視為一種傳輸（transmission）的
行為，以行為研究的概念出發，側重於探討傳播者、傳播受眾、傳播訊
息、傳播過程、傳播效果、傳播模式建立等方面的主題。這種視傳播為
傳輸觀點的理論研究，側重於傳播過程、傳播效果等傳輸行為的研究，
欠缺了對於從被傳遞物本身的觀點進行研究，忽略了從全觀的角度去看
待傳播這整件事情的意涵。人類社會的許多知識、情感、語言、宗教信
仰、藝術、風俗習慣、價值概念等，能夠被傳播到其他空間範圍的對
象，或其他時間範圍的對象，本身就是一件具有意義且值得研究的事；
傳播本身可能就代表著「典藏」、「培養」、「保存」、「傳承」的意
涵，這種著眼於推廣或延續的行為本身就帶有一種儀式性（a ritual
view），過度強調對於傳播過程的各環節行為進行研究，而沒有對於傳
播過程本身的意涵進行探討。在此前提之下，Carey 從文化角度探究傳播
問題，基於「傳播即是傳輸」的不足性，提出「傳播即是文化」的主
張；將一個社會的傳播制度（institution）、傳播體系（system）、傳播
內容（content）及傳播現象（phenomena），視為這個社會的文化表現，
反映了這個社會的當代文化；傳播和文化之間是相因相襲的（Carey,
1992）。

　　H. D. Lasswell（拉斯威爾）（1948）提出的傳播（Communication）
三大功能當中之一「世代間的文化傳遞（Cultural transmission between
generation）」，即以「人」作為承載體，通過觀察人與人之間的文化交
流與溝通，強調傳播對於人類文化上所具備的世代傳承功能。Lasswell
同時提出了傳播模式的 5W 分類，包括五個部分：傳播發起人、傳播的

內容、傳遞的渠道、傳遞的對象，以及傳播的效果。從符號化視角出發，文化傳播是一種社會實踐活動，人們通過媒體或者其他工具，運用文化符號和語言進行交流。語言與文化是相輔相成的，語言是在文化的產生和發展過程中形成的，同時也是不同文化背景人群之間交流的工具，是文化交流的重要媒介（Gladstone, 1972）。文化作品的誕生以及文化活動的開展，都需要通過語言進行傳遞與表達，因而語言不僅是文化的載體，更是文化保存必不可少的媒介系統（杜道明，2008；李豔，2014）。語言、文字作為人類藉以傳播、溝通的工具，本身也就是文化的一部分。

隨著二十世紀全球交通運輸方式的發展和普及，以及二十一世紀前後通訊科技的快速發展，使得人們的時空隔閡因素削減，也影響了人類文化傳播過程中，朝著去地域化、媒介化、符號化的方面去發展。文化的傳遞傳播所需要的時間更加快速，傳播的機會也更加頻繁，在在都使得跨文化傳播的相關研究更加有其必要及迫切性。跨文化傳播並不只是一個單向的全球一體化的文化運動，它實際上包含著全球化與地域性、同質化與異質化兩種文化力量的對峙與互動（張朝霞，2019；王長瀟、孫玉珠，2022）。個體帶著本身原生的文化，更多機會去與不同地域、不同文化背景的個體進行互動交流，個體之間互相認識、發現對方文化的差異性。這種不同文化背景個體之間的文化聚合，一方面反映出地域與自然形成的差異，對於文化傳播所產生的阻礙影響會越來越少；另一方面呈現出不同文化背景的個體之間原本一定程度上所存在的相互排斥關係，由於不同文化背景個體之間的文化聚合，使得增進了解的機會更加頻繁，讓原本背景差異對於文化傳播的負面阻礙因素也越來越形降低。同時，跨文化傳播影響了傳統文化活動僅能侷限於固定文化空間舉辦的概念（烏丙安，2007；鄭春霞，2012），從文化傳播的去地域化概念下，藉由發達的交通和通訊技術，使得原本舉行傳統文化活動的空間不再固定侷限於原生環境的文化空間，通過發達的交通讓人員得以便捷往來；同時，先進的通訊科技也使得傳統文化活動不再侷限於固有的文化實體空間，通過快速發展的互聯網路資源和數位技術，傳統的文化活動得以通過線上的文化虛體新空間舉辦。S. Pietrobruno（2014）通過對

於 YouTube 等全球化媒體平臺進行觀察，認為非物質文化遺產可以通過傳播過程實現創新。S. Khalid & S. A. Chowdhury（2018）認為社交媒體平台在傳播與推廣非物質文化遺產方面具備了正面的價值，傳承人可通過這些平台，有效地向大眾普及非物質文化遺產的基本概念，了解非物質文化遺產的發展現狀，提升大眾對非物質文化遺產的認知程度。

　　Fado 音樂作為人類非物質文化遺產代表作之一，作為葡萄牙傳統文化的重要代表，其在文化交流的過程中，是人們共用和使用承載著音樂思想的文化符號，從而對提升葡萄牙國家文化軟實力，增強文化自信起到至關重要的作用。故而，以文化傳播理論為視角，分析 Fado 文化的對外輸出過程具有高度契合性，同時也為我們認識 Fado 文化提供一個全知理論視角。

（三）Fado 在葡萄牙發展現況

　　被視為葡萄牙傳統音樂代表形式的「Fado（常見中文音譯為「法多」或「法朵」）」，是一種以聲樂為主體的音樂藝術，其作為葡萄牙傳統文化藝術經典的載體，是當地農村傳統歌舞風格與國際化都市歌曲風格相融合的產物。根據現有的歷史考證，Fado 誕生於十九世紀初期里斯本當時的流行語境中，源自於拉丁文 Fatum（命運之意）。作為一種人們休閒娛樂時的自娛表達方式，人們可以在室內或戶外的各種場合下，自發性的以這種音樂形式來自娛娛人，表現的內容可以是呼應著時下城市生活當中的困頓，或是日常生活裡的敘事。Fado 的流傳和盛行，一般認為與當時葡萄牙社會氛圍有關；合理的推論是由於「大航海時代」及「地理大發現」後所興起的海上活動，葡國有大量人口參與了蓬勃的海上活動而離鄉背井，遺留在葡國國內的家眷親屬為了排遣思念親人之苦，因而衍生了 Fado 的發展環境。此外，由於 1755 年 11 月 1 日里斯本大地震引發海嘯和火災三重天災的打擊，致使這個盛極一時的海上帝國國力元氣大傷，里斯本人口頓失三分之一，葡萄牙從此榮景不再一蹶不振；災後的城市裡，人們困頓的生計和苦悶的生活氛圍都須有所抒發，於是 Fado 就此應運而生。早期的 Fado 由於大多流行於社會的邊緣

人群，甚至成為一些社會底層族群或獄中囚犯之間盛行的次文化象徵，也使得當時的 Fado 無法見容於知識分子階層，被視為是一種粗俗的表現而遭到當時社會的睥睨（Pereira, 2008）。

　　Fado 的歌曲通常由獨奏歌手（男或女）演奏，傳統上會使用鋼絲弦木吉他，以及梨形琴座並帶有十二根金屬絲弦的葡萄牙吉他（Guitarra）伴奏；葡萄牙吉他是葡萄牙獨有的樂器，並且具有豐富的獨奏曲目。在過去的幾十年中，這種樂器伴奏擴展到了兩把葡萄牙吉他，一把吉他和一把貝斯吉他。Fado 歌詞多與愛情、大海、水手生活、貧窮有關，曲調憂鬱、抒情、優美、流暢，深受葡萄牙人民喜愛（徐亦行，2018）。

　　相傳 Fado 民歌最早流行於里斯本市中心的 Mouraria 老城區。這個過去曾經是摩爾人、異邦人聚居之地，Fado 便是在這樣的環境中誕生，眾多民族混居貧民街區裡的妓院、酒館林立，表演著 Fado 吸引著水手和外鄉人等常客。今日的 Mouraria 街區則是因 Fado 展現了另一種風貌，除了誕生了如有「法朵皇后」封號的 Amália Rodrigues（阿瑪麗婭）和獲得葛萊美獎提名的 Mariza 等多位知名的 Fadista（Fado 歌手），許多提供 Fado 表演觀賞的知名場所，如以悠久歷史享有盛名的 Adega Machado 酒館及 Fado in Chiado 音樂屋，都是許多遊客慕名而來的景點。

　　除了里斯本之外，葡萄牙其他城市有著屬於自己風格的 Fado，以科英布拉（Coimbra）為最典型的代表。在這個葡萄牙最古老大學的所在城市，大學的悠久歷史和學院傳統風格，孕育出以學院風格為依託的特色風格和「北部唱法」；包括了遵循男性才能入讀大學的古老傳統，由清一色男性擔綱歌手和樂手，穿著當地大學最負盛名的黑色學術袍（Capa/Traje Académico）登場，以群唱及獨唱混合的形式演唱有關大學學生生活的內容，結合當地特色的科英布拉吉他（Guitarra de Coimbra）彈奏，如此形成了當地獨樹一格的 Fado de Coimbra（Câmara Municipal de Coimbra, 2022a）。而這個源自大學的獨特音樂風格，也成為科英布拉大學於 2013 年列名葡萄牙文化類世界遺產的重要條件之一（Universidade de Coimbra, 2022）。

　　通過 Ercília Costa、Berta Cardoso、Madalena de Melo、Armando Augusto Freire、Martinho d' Assunção、João da Mata 等藝術家前往非洲、

巴西等地表演，Fado 的國際傳播從 1930 年代中期就已初具規模。然而，真正將 Fado 推上國際舞台的契機，應是歸功於從 1950 年代開始活躍於歐、美、亞各大洲世人眼光下的 Fado 女歌手（fadista）阿瑪莉亞·羅德里格斯（Amália Rodrigues），通過她在全球各地的表演活動，使得 Fado 得以超越語言、文化的藩籬，以一種葡萄牙文化象徵的身分，逐漸為國際間所認識（Pereira, 2008）。Fado 得以國際化開始走向世界，與這位被譽為「Fado 王后（Rainha do Fado）」的女歌手有密切的關聯性。在葡萄牙官方主導推動下，1998 年 9 月 25 日在里斯本 Alfama 區成立的「Fado 博物館（Museu do Fado）」，象徵著將 Fado 音樂作為里斯本乃至葡萄牙的文化代表符號，向世人傳揚（Museu do Fado, 2022）。Fado 通過移民的途徑，和世界音樂巡迴演出的傳播（dissemination），加強了其作為葡萄牙身分象徵的形象，從而導致了涉及其他音樂傳統的跨文化交流過程（6.COM 13.39）（UNESCO, 2011）。

　　Fado 在音樂會巡演和「Casa do Fado（Fado 民歌屋[2]）」中進行專業表演，並由遍布里斯本較古老社區的眾多基層協會的業餘愛好者表演。由較年長或較具威望的表演者透過非正規教育的方式，在傳統的表演場合中進行技藝的指導與傳承，且傳授對象往往是同一家族中的後輩。雖然 Fado 的內容常與愛情、運氣、市井小民生活、社會不公平等內容有關，但由於過去葡萄牙在薩拉查獨裁政權時期長時間的遭受政治審查和打壓之下，Fado 內容鮮少涉及敏感的政治話題（Cigarro, 2015）。

　　進一步觀察 Fado 音樂在葡萄牙發展現況，雖然 Fado 在提高國家文化軟實力、彰顯文化特色、促進文化交流等方面的重要性，已經在葡萄

---

[2] 作者按：「Casa do Fado」是一種僅見於葡萄牙的表演活動場所和行業，泛指有提供 Fado 現場表演的餐飲店；一般在用餐時間供應正餐，或於非用餐時間供應酒水飲料。曾有譯者將此類場所中譯為「法多雅軒」（Cigarro, 2015），然而基於此一場所的實際功能和商業活動屬性，本文研究者不依循一般常見僅從字面逐字翻譯的譯法「Fado 之家」，而是基於是一種僅見於葡萄牙的特殊行業，根據場所屬性和營業計畫的意涵，並參考在華文圈對於類似行業的既有名稱加以翻譯（如：民歌屋、音樂啤酒屋），在本文中均稱之為「Fado 屋（法多民歌屋）」。

牙官方及社會輿論間擁有普遍的共識，然而根據葡萄牙統計局（Instituto Nacional de Estatística）發布的《文化統計（Estatísticas da Cultura）》年報顯示（INE, 2021），相較於各類型之現場表演的音樂藝術活動，Fado 音樂無論是在觀眾數量（如圖 2-1）或演出收入（如圖 2-2）方面都是居於末尾。從官方統計數據的現實中，可見 Fado 在當前葡萄牙大眾日常文化活動當中，正處於一種相對弱勢的處境。

承前所述，基於大多數研究者對於文化認同研究維度的共通點，本研究對葡萄牙 Fado 音樂文化認同所開展的實證過程，採用認知、行為、情感等三個維度加以進行。結合上述文化傳播與文化認同的文獻回顧與整理，基於本研究的目的與研究問題，研究者提出以下研究假設進行檢驗：

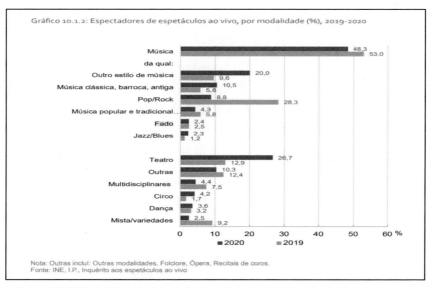

♫ 圖 2-1：葡萄牙各類型現場表演文化活動之觀眾數量占比統計（2019-2020 年）

資料來源：INE (2021). Estatísticas da Cultura-2020.

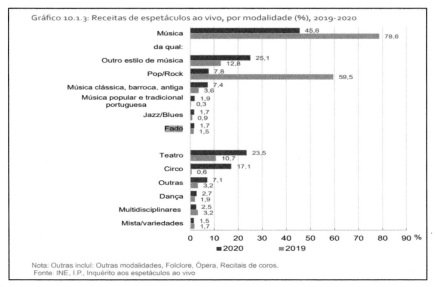

🎵 圖 2-2：葡萄牙各類型現場表演文化活動之觀眾演出收入占比統計（2019-2020 年）

資料來源：INE (2021). Estatísticas da Cultura-2020.

假設 1（H1）：葡萄牙觀眾與外籍觀眾對於 Fado 音樂的文化認同程
度，會因為受眾差異因素而有顯著的差異。

假設 2（H2）：提升受眾對於 Fado 音樂的文化認同，將有助於葡萄牙
Fado 音樂在全球範圍內的文化傳播。

假設 3（H3）：葡萄牙 Fado 音樂在今日葡萄牙的發展，因為受眾的分
布、認知程度和文化認同等因素，對於其文化傳播造成限制。

三、研究過程與發現

（一）研究方法和研究工具設計

為了對於前述的研究假設進行驗證，本研究通過實證研究的途徑，
分別從表演者和受眾兩端研究對象進行原始數據的採集，藉由不同視角
了解到 Fado 音樂更為全面的發展現況及存在問題；首先針對 Fado 音樂

專業表演者，通過半結構式深度訪談方式，從專業表演者的現身說法當
中，進行訪談數據的收集，取得 Fado 音樂當前發展實況的第一手資料。
同時，本研究的受眾端分別選取了不同背景的 Fado 觀眾群體為受訪對
象，進行相同方式的訪談數據收集工作，通過對比不同屬性的 Fado 觀眾
（外國遊客與葡萄牙本國人）在觀賞之後對於 Fado 音樂的程度及評價，
了解不同國籍身分在 Fado 音樂觀念上的差異。

　　本研究基於文化認同、文化傳播兩個研究維度，以及前述的研究問
題和假設，參考了現有相關研究成果的文獻，對於預計採用的訪談調研
工作，進行研究工具訪談大綱的設計。針對表演者端及不同屬性的受眾
群體端，依據文獻整理以及相關理論，從文化傳播和文化認同兩個維
度，設計出相應的訪談大綱。經過必要的預測試過程，對訪談問題進行
測試和調校，以確保訪談大綱的適用性和科學性。訪談問題的綱要具體
設計如表 2-1 所示。

✐ 表 2-1：訪談題綱

研究維度	訪談問題大綱	相關文獻
文化認同	• 先天身分因素：血緣、性別、語言、宗教、種族、社會階層或地理區域等個體原生條件，對於個體與 Fado 文化活動產生關係的影響	Geertz, 1963; Hall, 1990; Smith, 2002
	• 後天文化認知與互動因素：個體通過行為往來和社會互動，經歷到與 Fado 文化活動有關的文化認知歷程，並對個體產生影響	Gollnick & Chinn,1998; Hall,1996
	• 認知：個體對 Fado 文化的了解程度 • 行為：個體參與 Fado 文化活動的過程和評價 • 態度、情感：個體與 Fado 文化之間的關聯程度	Kwan & Sodowsky, 1997; Stern, 1999; 雍琳，2003； 鄭雪，2005
	• Fado 文化活動能夠給個體帶來歸屬感 • 個體對 Fado 文化活動的評價 • 個體參與 Fado 文化活動的程度	Phinney, 1990
文化傳播	• 傳播即是文化：Fado 文化的傳播現況	Carey, 1992

研究維度	訪談問題大綱	相關文獻
	(1)傳播制度（institution）：Fado 作為葡萄牙非物質文化遺產的保存和 Fado 音樂推廣的官方作為 (2)傳播體系（system）：Fado 的藝術和商業活動 (3)傳播內容（content）：Fado 音樂的傳統與創新 (4)傳播現象（phenomena）：Fado 音樂與社會	
	・文化傳播的空間性：Fado 音樂文化的保存 ・文化傳播的時間性：Fado 音樂文化的傳承	asswell, 1948; Gladstone, 1972; 杜道明，2008； 李豔，2014
	・跨文化傳播： (1)文化聚合呈現地域差異：Fado 音樂在葡萄牙以外的海外受眾和市場現況 (2)文化聚合降低個體背景差異的隔閡：外國人眼中的 Fado 音樂文化 (3)文化空間侷限性的消弭：Fado 音樂在網路和新媒體的傳播	張朝霞，2019； 王長瀟、孫玉珠，2022； Pietrobruno, 2014; Khalid & Chowdhury, 2018

資料來源：作者自行整理

（二）研究對象

　　本文通過對於表演者端和觀眾端進行訪談並收取數據，以便能從不同視角觀點更全面了解 Fado 音樂的發展現況；根據前述所制定出訪談題綱中所設計的目標，根據問題大綱的意旨精神，分別對受訪對象進行深度訪談。基於目標樣本對象屬於特定目標範圍的群體，非屬於一般可觸及性的人群，因此需要透過人際關係網絡進行廣泛募集，經過初步篩選將不符合受訪條件要求的樣本剔除，再分別進行先期聯繫，確認該樣本確實屬於本研究目標訪談對象，最終進行約訪工作。研究者成功收取表演者、觀眾兩端受訪對象的訪談樣本共計 18 位，其中包括 2 位 Fado 音樂表演工作者的有效訪談樣本（M1、M2），作為表演者端的數據分析

來源；同時，也從 3 位葡萄牙籍人士（P1~P3）、13 位曾到訪葡萄牙之
非葡萄牙籍遊客的有效訪談樣本（S1~S13）當中，取得了 Fado 音樂表演
受眾端的分析數據來源（如表 2-2 所示）。由於受到自 2020 年上半年全
球範圍開始長時間受到新冠肺炎疫情所持續造成的旅行限制影響，部分
訪談係透過網路視訊以線上進行方式，於 2021 年上半年期間完成。

表 2-2：受訪者個人基本資訊

類別	編號	年齡（歲）	性別	所在地	職業
【表演端】音樂專業藝術工作者	M1	30-39	男	葡萄牙	藝術工作者
	M2	30-39	男	澳門	藝術工作者、音樂教師
【受眾端】非葡萄牙籍觀眾（客源地：中國）	S1	50+	女	中國內地	企業主管
	S2	30-39	男	中國內地	律師事務所
	S3	20-29	男	澳門	企、事業員工
	S4	20-29	女	澳門	碩士研究生
	S5	20-29	女	澳門	企、事業員工
	S6	20-29	女	澳門	企、事業員工
	S7	20-29	男	澳門	學生
	S8	20-29	男	中國內地	企、事業員工
	S9	20-29	女	澳門	學生
	S10	20-29	男	澳門	學生
	S11	30-39	女	中國內地	企、事業員工
	S12	20-29	男	澳門	學生
	S13	20-29	男	澳門	企、事業員工
【受眾端】葡萄牙籍觀眾	P1	40-49	男	澳門	傳媒業
	P2	30-39	女	澳門	教師或教學人員
	P3	30-39	男	澳門	企、事業員工

資料來源：作者自行製表

（三）訪談數據分析：表演者端數據之敘事分析

　　本研究將有效回收的 18 位受訪對象逐字稿，分成表演者、觀眾兩端進行數據分析。其中，作為表演者端的數據分析來源的 2 份葡萄牙 Fado 音樂專業藝術工作者訪談樣本數據訪談逐字稿，使用敘事分析法進行分析；包括葡萄牙籍和非葡萄牙籍 Fado 音樂觀眾受眾端的訪談內容，則運用軟體輔助進行敘事文本分析。

　　在本研究中，表演端的受訪數據能夠代表實際從事 Fado 音樂相關人士的視角，藉此了解在其視角、觀點下 Fado 音樂目前在文化認同上的現狀，以及 Fado 音樂在葡萄牙以及海外當前發展的實況。另一方面，通過對表演端樣本對象訪談過程，進一步採集到訪談題綱之外更多有關 Fado 音樂的深度內容，包含了從風格、技法、流變等專業層面具參考價值的內容，可進一步挖掘葡萄牙 Fado 音樂在文化傳播方面當前發展的現況與存在問題。此外，從受訪對象在葡萄牙以外的海外相關工作經歷中，以澳門的發展情形為例，了解海外的葡萄牙人社群機構在傳播與推廣 Fado 音樂具體做法，以及 Fado 在葡萄牙以外的全球發展現況及限制。對於專業人士的訪談，本文作者訪談了兩位葡萄牙 Fado 音樂專業藝術工作者，包括一位在葡萄牙工作的 Fado 音樂專業藝術工作者（M1），以及另一位在澳門工作的 Fado 音樂專業藝術工作者（M2），後者同時從事 Fado 音樂的教學工作，並擔任澳門葡人之家協會推廣 Fado 音樂的代表。

　　根據對受訪的 Fado 音樂表演專業藝術工作者，在訪談中進行原始內容的採集，再將所收取的原始逐字稿，通過敘事分析法進行整理分析。通過敘事分析方式對於表演者端訪談原始數據進行分析後，表演端訪談 Fado 音樂工作者之敘事分析重點採集，大致可歸納出以下幾點：

　　1.在葡萄牙，傳統上 Fado 音樂的表演場所，主要是在「Fado 民歌屋（Casa do Fado）」進行。如受訪者 M1 即表示：「我從孩童開始演唱 Fado。也是從那時開始，我跟著我的老師去 Fado 民歌屋看演出，我偶爾也會上臺表演。我們不是每天都去，Fado 民歌屋是每天營業，他們每天

都有不同的藝術家駐場。這裏有一些著名的 Fado 民歌屋。例如，Sn.vinho，它非常出名，同時也是旅遊景點，當人們想聽 Fado，都會去那裏。」

2.受訪者 M1 認為，對於非葡萄牙籍人士推廣 Fado 音樂，是一種跨文化傳播，它有利於推動 Fado 音樂邁向國際化發展，提高 Fado 音樂的國際知名度；其中，讓遊客造訪葡萄牙時能更有機會接觸到 Fado 音樂，會是一個很好進行跨文化傳播的機會。

3.應可從 Fado 民歌屋出發，將 Fado 形塑成為一項造訪葡萄牙旅遊的特色文化吸引物。受訪者 M1 認為，「葡萄牙是一個旅遊國度，遊客會來旅遊和參觀，而其中一件事就是，遊客想要體驗和聆聽 Fado 音樂」。因此，「Fado 民歌屋（Casa do Fado）是一個面向非葡萄牙籍人士推廣 Fado 音樂的良好傳播途徑，不僅是傳統上葡萄牙人觀賞 Fado 音樂的表演場所，可以讓遊客獲得更為沉浸式的文化體驗，而 Fado 民歌屋通常每天都有演出，正好能夠符合遊客到訪可能在任何時候的特性。」

4.從事推廣 Fado 音樂的跨文化傳播，受訪者 M1 及 M2 皆認為，如果能提供機會讓對 Fado 感興趣的非葡萄牙籍人士有學習機會，將教學與演出相結合，可以達到 Fado 音樂傳播的最佳效果。受訪者 M1 提到了自身的觀察經驗，他認為除了葡萄牙本國人，日本人是應該是對 Fado 最為喜好且熱衷的非葡萄牙籍人群；就他所觀察，日本觀眾會去學習葡語，學習怎麼演唱。受訪對象 M2 則以自身在澳門從事 Fado 音樂的教學經驗和觀察，提到在澳門不只有葡語國家的人學習 Fado 音樂，也有不少中國人喜歡 Fado 音樂，而報名參加課程，希望通過較為系統而全面的正規課程學習 Fado 音樂。從事 Fado 音樂教育工作的受訪者 M2 認為，通過有系統的課程，從基礎課開始按部就班學習傳統的 Fado 音樂，是學習Fado 音樂的基本功夫。受訪者 M2 以在澳門葡人之家協會開辦的 Fado 音樂課程為例，有葡萄牙吉他、古典吉他和聲樂老師，訓練傳統 Fado 的基本功。同時，初學者也須學習基礎的葡萄牙語和葡萄牙語歌曲，這對於非葡萄牙籍人士而言應該是比較困難的。由兩名受訪者所表示可以發現，以非葡萄牙籍人士為對象進行 Fado 音樂的教育推廣，是 Fado 音樂跨文化傳播的一種有效途徑。

5.關於 Fado 音樂的跨文化傳播，在不同國家演出會有不同的感受。受訪者 M1 對日本的印象最為深刻，因此他以日本為例，向研究者講述他的經歷。受訪者 M1 表示，當日本人在傾聽 Fado 音樂的時候，他們會非常專注。有一次他看到了一位日本女士，這位日本女士不懂葡語，但是當她聽到 Fado 音樂時，就開始感動落淚，十分的投入在音樂的情境中；這樣的觀眾反饋，也讓身為 Fado 音樂工作者的他感到十分印象深刻。受訪者 M2 認為，通過全世界的葡萄牙人社團組織來傳播與推廣 Fado 音樂，是 Fado 音樂國際化推廣的一個極佳方式。除澳門外，全世界只要有葡萄牙人的地方，就有葡萄牙人社團組織（如葡人之家、葡人協會等大力推廣和支持 Fado 音樂。同時全世界的葡萄牙人社團組織，相互之間也會進行交流。受訪者 M2 稱，官方代表的葡萄牙駐中國大使館十分積極在中國推廣葡萄牙文化，因此澳門葡人之家經常有機會受邀前往北京進行 Fado 音樂表演活動。

6.Fado 音樂跨文化傳播還有一個極好的方式，就是將呈現的音樂作品與當地文化進行融合。例如，旅居澳門的葡萄牙音樂專業藝術工作者 M2 表示，旅居澳門的 Fado 音樂專業藝術工作者們在深入了解中國文化之餘，創作了具有中國文化內涵的 Fado 音樂，由澳門葡人之家具名灌錄製作了一張名為《8》的 Fado 音樂 CD，嘗試將 8 首中國詩歌翻譯成葡語，運用中國詩歌作為歌詞，再以 Fado 的音樂形式呈現，目的就是希望可以突破語言的界限，通過音樂進行跨文化間的交流和對話，在 Fado 音樂中找到共鳴；一方面讓中國的受眾能夠藉此方式認識葡萄牙的 Fado 音樂，同時另一方面也藉此方式讓葡萄牙受眾有機會認識到中國的詩歌。

7.受訪者 M2 指出，現場演出是傳播 Fado 音樂的最佳方式，因為它以最直觀的形式展現在大眾面前，可以在短時間內給觀眾留下一個初步的印象。受訪者 M2 認為，在推廣 Fado 音樂的過程中，政府的扮演了十分重要的角色；從 M2 受訪對象的經驗和觀察，Fado 音樂在澳門的傳播得力於澳門政府在其間所展現的積極態度，因此相關部門經常與澳門葡人之家合作，並支持葡人之家在澳門許多場地進行表演；過去較多舉辦 Fado 音樂表演的場所，包括了幾處「澳門歷史城區」世界遺產的場域範圍，如東方基金會、何東圖書館、鄭家大屋等地。此外，他們也曾受邀

在諸如葡萄酒博物館（現已停業關閉）、星級酒店、葡萄牙菜餐廳等地方進行表演，或者是在由政府舉辦的戶外活動中進行表演。公部門的支持和推廣，對於 Fado 音樂的推廣是十分重要的；如果有官方挹注對 Fado 音樂的支持，舉凡是政策和執行面上的正面態度和作為，都有助於 Fado 音樂的推廣。

（四）訪談數據分析：受眾端數據之文本分析

本研究對於 Fado 音樂表演受眾者端，包含 3 位葡萄牙籍人士（P1~P3）、13 位曾到訪葡萄牙之非葡萄牙籍遊客（S1~S13）的有效訪談樣本訪談逐字稿，使用文本分析法以 NVivo 12th 版軟體進行開放編碼分析；針對葡萄牙籍觀眾，以及非葡萄牙籍觀眾（曾在葡萄牙觀賞過 Fado 音樂表演活動的外國遊客）的訪談內容，分析兩者對同一問題的不同看法，並獲取訪談回答高頻詞，整理問題與發現。通過質性研究分析軟體工具，對葡萄牙籍觀眾以及非葡萄牙籍觀眾受訪者的文本進行三級編碼，搜尋特定概念所編碼的段落，並根據理論依據進行分類。

本研究運用 NVivo 12th 版軟體進行編碼，根據相關理論基礎提取出本研究的兩個核心節點，即文化傳播和文化認同，並在每個一級節點下展開二級節點，即每個一級節點的維度，與訪談大綱相對應，形成關聯性節點 9 個。再根據葡萄牙籍觀眾受訪者的回答初步產生開放式節點 84 個，並分別歸類至每個二級編碼之下，形成三級編碼，隨後對所有節點進行整體調整，由此看出相關問題的顯著程度，最終歸納整理得出結果與發現。其中文化傳播包括：年輕化程度、網絡傳播、跨文化傳播、喜愛的觀演場所、創新對傳播的作用以及現場演出；文化認同包括：認知、情感、行為（如表 2-3）。

另一方面，本研究運用相同途徑進行編碼，提取出本研究的關聯性節點 13 個。再根據非葡萄牙籍的遊客觀眾受訪者的回答初步產生開放式節點 265 個，並分別歸類至每個二級編碼之下，形成三級編碼，隨後對所有節點進行整體調整，由此看出相關問題的顯著程度，最終歸納整理得出結果與發現。其中文化傳播包括：葡語程度、網絡傳播、跨文化傳

播、喜愛的觀演場所、創新對傳播的作用以及現場演出；文化認同包括：認知、情感、行為（如表2-4）。

✎ 表 2-3：【受眾端】葡萄牙籍觀眾：一級節點及其下屬二級節點的編碼參考點數

一級節點	二級節點	編碼參考數
文化傳播	年輕化程度	5
	網絡傳播（媒體）	6
	跨文化傳播	11
	喜愛的觀演場所	4
	創新對傳播的作用	9
	現場演出	9
文化認同	認知	9
	情感	13
	行為	2

資料來源：作者自行繪製

✎ 表 2-4：【受眾端】非葡萄牙籍觀眾：一級節點及其下屬二級節點的編碼參考點數

一級節點	二級節點	編碼參考數
文化傳播	葡語程度	13
	網絡傳播（媒體）	14
	跨文化傳播	9
	喜愛的觀演場所	20
	創新對傳播的作用	19
	現場演出	21
文化認同	認知	31
	情感	20
	行為	22

資料來源：作者自行繪製

從上述兩類 Fado 音樂受眾端的訪談分析結果可以發現，在文化傳播的因素方面，葡萄牙籍觀眾受訪者認為 Fado 音樂的跨文化傳播因素較強，而非葡萄牙籍的中國遊客觀眾則認為現場演出的因素較強。葡萄牙籍觀眾受訪者普遍認為，Fado 音樂已經走向國際，且國際化的程度很高，Fado 歌手會到很多國家進行巡演；受訪對象提到的地方包括有巴西、佛得角、美國、加拿大、印度果阿邦、馬來西亞、日本、俄羅斯、法國和中國澳門等地點（P1~P3）。葡萄牙籍受眾端這樣的觀點，對比非葡萄牙籍受眾端的反饋情形，存在明顯的落差。非葡萄牙籍的中國遊客觀眾受訪者普遍認為，相比其他國家特有的音樂形式和表現，葡萄牙的 Fado 音樂在中國的知名度並不高，而且能接收到關於 Fado 音樂消息的

機會和途徑不多，相關的 Fado 音樂演出活動也較少，顯示 Fado 音樂與中國的交流不夠緊密，跨文化傳播仍存在較大的發展空間。

　　從 13 位非葡萄牙籍的遊客觀眾受訪者（S1~S13）交流的過程中發現，部分受訪者當他們從葡萄牙旅行結束返回中國後，仍然會回憶起在葡萄牙旅遊期間所觀賞過的 Fado 音樂，且大多會有較深刻的印象。部分非葡萄牙籍的遊客觀眾受訪者表示，由於當時在葡萄牙停留期間，曾經購買了 Fado 音樂有關的 CD 或 DVD 產品[3]，他們回到中國後依然會收聽 Fado 音樂，在葡萄牙旅遊時會購買一些 Fado 音樂的 CD 光碟或是其他帶有 Fado 符號意象的紀念品送給朋友和親人，一同分享與交流 Fado 音樂，從而獲得新的體會和感受（S1、S2、S4、S11）。然而，以中國範圍內為例，認識或聽說過 Fado 音樂的人群範圍較小，大多為對於葡萄牙有背景上淵源的人，其中包括了學習葡萄牙語專業的學生，他們學習語言的同時，也會有興趣和必要性對於葡萄牙的文化深入了解，因而有機會接觸到 Fado 音樂；此外，由於澳門在歷史上與葡萄牙的淵源關係，使得在澳門生活的華人人群成為中國範圍少數較為了解葡萄牙歷史和文化的群體；在中國對葡萄牙不熟悉的人群，特別是沒有到訪過澳門的中國內地人士，基本上不知道 Fado 音樂的存在，僅有身處澳門的人群會對於 Fado 音樂相對較為熟悉。此一情形也說明中國與葡萄牙的文化交流，以及跨文化傳播方面，仍需繼續加強聯繫。

　　非葡萄牙籍的遊客觀眾受訪者大都沒有聽說過專門為推廣 Fado 音樂所量身打造的 Fado 音樂節，只有少數受訪對象表示曾聽說在葡萄牙國家或是學校的重大節日裏，一定會演唱 Fado 音樂，例如學生的開學和畢業、燃帶節（Queima das Fitas de Coimbra[4]）等（S4）。這一情形也反映

---

[3] 部分受訪者表示，在葡萄牙旅行期間曾安排前往觀賞 Fado 現場表演；由於對於音樂表現感到很精彩，或者認為很有紀念性，在表演結束後購買現場所販售的 Fado CD 或 DVD 產品。此外，有少部分受訪者表示曾特地到唱片銷售點購買 Fado 的音樂出版品 CD，攜帶回國自用聆聽或作為旅行紀念禮品贈送親友。

[4] 燃帶節（Queima das Fitas de Coimbra）是葡萄牙科英布拉大學（Universidade de Coimbra）一項學生傳統節慶，相傳起源於 1899 年 5 月 18 日，當時科英

出葡萄牙官方為了推廣 Fado 音樂而舉辦的 Fado 音樂節活動，並未收到官方所預期的成效，Fado 音樂節的知名度仍有待進一步推廣和提高，策略上應朝著更大範圍的國際性推廣，提高在國際範圍上的傳播廣泛度。此外，兩類 Fado 音樂受眾端的訪談對象都認同創新對傳播的作用，皆認為 Fado 音樂創新有助於其文化傳播；音樂專業藝術工作者應順應時代，創作出更多現代人喜愛的作品，從而推動 Fado 音樂的可持續發展。有葡萄牙籍觀眾受訪者稱（P2），「每年都有新的 Fado 歌手出現，他們會創作很多符合現代人口味的作品，而創作新的風格也會帶動更多人去聽傳統的 Fado，因為如果你一開始是聽新改編的風格，那就會想知道，傳統的是怎麼樣的」。

另一方面，從上述兩類 Fado 音樂受眾端的訪談分析結果可以發現，對比葡萄牙籍觀眾受訪者對 Fado 音樂的文化認同感，明顯較非葡萄牙籍的遊客觀眾受訪者來得強烈。葡萄牙籍觀眾在文化認同方面的「情感」參考點數最高，而「行為」參考點數最低；非葡萄牙籍遊客觀眾在文化認同方面的「認知」參考點數最高，而「情感」參考點數最低。在對葡萄牙人受訪者（P1、P2、P3）進行訪談時，筆者發現受訪對象對於 Fado 音樂的認同度非常高，而且對 Fado 音樂的未來發展充滿信心。三位葡萄牙人受訪者（P1~P3）都是自幼聽 Fado 音樂，其中有一位受訪者 P3 稱，「在葡萄牙，我們小時候會經常用收音機收聽 Fado 音樂，是從小聽到大的，通過看電視節目或者聽廣播都可以接觸到 Fado 音樂。甚至當你在學校一年級的時候，就開始聽阿瑪莉亞（Amália Rodrigues）的音樂，聽說她的音樂歷程。」其次，出現最多的語句有「我是葡萄牙人」、「葡萄牙文化的重要組成部分」、「家鄉的感覺」、「文化根基」等

布拉大學的學生為了表達完成前一段學業後進入畢業班的喜悅心情，並保佑未來步入社會工作順利，而將綁在講義夾上、代表著科英布拉大學每個學院自己的專屬色的綠帶點燃，以火焚燒成灰燼。後來這項象徵課程結束意涵的做法沿襲下來，成為後來的燃帶節。Queima das Fitas 象徵科英布拉大學每個學生人生中的里程碑，因為它標誌著他們大學生涯的不同階段，代表著學年結束的歡樂和放鬆的日子；從學生被大學錄取的那一刻起，直到他／她離開大學，再到進入就業市場（Câmara Municipal de Coimbra, 2022b）。

等，均可體現出葡萄牙人對於 Fado 音樂有著很強的文化認同感。葡萄牙籍受眾端受訪者（P1~P3）對於 Fado 音樂朝著國際化的方向發展較感到認同；部分受訪者曾經自己去過不同的國家欣賞 Fado 音樂（P3）；受訪者也通過自身利用其他非現場演出途徑觀賞 Fado 音樂的經驗認為，透過網路資源或社交軟體等平台的非傳統現場演出的途徑來傳遞 Fado 音樂相關的內容，有助於 Fado 音樂的文化傳播（P1、P3）。

從欣賞 Fado 音樂的場域因素來看，葡萄牙籍觀眾受訪者普遍認同傾向於選擇在傳統場所「Fado 屋（法多民歌屋）」欣賞 Fado 音樂，因為它可以更為直接且直觀地展現 Fado 音樂的魅力，顯示出「Fado 屋（法多民歌屋）」在 Fado 音樂當中的場域因素具有其代表性及重要性；相較之下，非葡萄牙籍的遊客觀眾受訪者較多是經由非自主的行程安排，或者是他人的推薦而安排觀賞 Fado 音樂的觀演場所，在場域的選擇上較無明顯的趨性及主動性。相比之下，非葡萄牙籍的遊客觀眾在文化認同感較低的情形下，影響了其主動觀賞 Fado 音樂的意願；雖然大多數非葡萄牙籍的遊客觀眾受訪者在返回原生國家（中國）後，仍然會對 Fado 音樂有所印象，但值得注意的是，多數非葡萄牙籍的遊客觀眾受訪者在結束葡萄牙旅行回到中國後，並不會嘗試主動接觸 Fado 音樂，僅有少部分受訪者表示（S1、S2、S11），回到中國國內之後仍曾經主動去聆聽 Fado 音樂，方式包括了聆聽旅行中所購買的 Fado 音樂 CD，以及透過網路資源或社交軟體等平台的途徑，主動查找資源觀賞非現場演出的 Fado 音樂相關的影片。非葡萄牙籍的遊客觀眾受訪者在文化認同方面的「認知」參考點數最高，而「情感」參考點數最低。有一位非葡萄牙籍的遊客觀眾受訪者（S9）稱，Fado 音樂對於他而言，只是一種藝術形式，是葡萄牙的文化特色。從這裏可以看出，非葡萄牙籍的遊客觀眾對於 Fado 音樂只是對於藝術角度的欣賞，在文化上並沒有很強烈的認同感或共鳴。而另一位非葡萄牙籍的遊客觀眾受訪者（S5）直接建議筆者去詢問葡萄牙籍的觀眾，或許會有更多的看法和感受，顯示出非葡萄牙籍的受眾端可能存在對 Fado 音樂有較大的距離感，此者亦應歸因與其文化認同有關。進一步可以推論出，文化認同感越強，對該文化的了解程度越深，文化傳播效果越好。因此，對於葡萄牙 Fado 音樂的傳播，在葡萄牙籍觀眾受

訪者的群體中更容易實現，而對於非葡萄牙籍的遊客觀眾受訪者，則需要進行更多的文化交流與互動，來獲得對彼此文化的認同。

（五）訪談結果分析

根據受眾者端當中葡萄牙籍和非葡萄牙籍 Fado 音樂觀眾的訪談分析結果，大致可歸納出以下發現：

1.同屬於受眾端，非葡萄牙籍觀眾與葡萄牙籍觀眾受訪者因國籍身分的不同，對於 Fado 音樂的認同程度也不同，葡萄牙人受訪者對 Fado 音樂有著強烈的認同感，而非葡萄牙籍的遊客觀眾則對 Fado 音樂只是一種藝術的欣賞。

2.面對文化認同感越強的群體，文化傳播的效果越好。

3.政府為保護、宣傳、推廣 Fado 而專設的 Fado 博物館，既不在遊客受訪者必去的景點範圍內，也不在葡萄牙人受訪者關注的視線範圍裏，影響力非常小。

4.政府專門為 Fado 音樂舉辦的 Fado 音樂節的知名度很低，鮮有人知道。這一狀況與政府的想法有很大的出入，需要改變策略，做更大範圍的推廣，提高 Fado 音樂節的知名度。

5.關於 Fado 音樂在中國的傳播，還有待葡萄牙與中國進行更深層次的文化交流，以提高 Fado 音樂在中國的知名度。

6.創新對 Fado 音樂的傳播具有重要的促進作用，音樂專業藝術工作者應順應時代，創作出更多現代人喜愛的作品，從而推動 Fado 音樂的可持續發展。

7.非葡萄牙籍的遊客觀眾受訪者和葡萄牙人觀眾受訪者的訪談文本編碼存在顯著差異。例如，葡萄牙人受訪者的「情感」參考點數占比高於非葡萄牙籍的遊客觀眾受訪者。這是因為對於葡萄牙人而言，Fado 音樂是他們本民族的文化，從小耳濡目染，自然會比外國人有著更深厚的情感。其次，對他們而言，Fado 音樂不止是一種藝術形式，還是家鄉的符號，早已流淌在每個葡萄牙人的血液之中。他們會經常關注 Fado 音樂的演出資訊，收聽 Fado 音樂，尤其在異國他鄉，會有更濃烈的情感，甚

至會熱淚盈眶。而非葡萄牙籍的遊客觀眾受訪者的「情感」參考點數最低，是因為他們對於 Fado 音樂的理解，只停留在表面，並沒有過多的情懷與念想。

四、結　論

　　Fado 音樂是葡萄牙的文化符號，是葡萄牙人共同的文化記憶，在葡萄牙群體中形成了對 Fado 音樂的認同。從訪談實證的過程中發現，葡萄牙籍觀眾受訪者對於 Fado 音樂有著很強的文化認同感。對於葡萄牙人而言，他們從 Fado 當中感受到的悲傷氣息，其實是一種情感上的流動，分享自己的故事與思念之情。特別是當他們處於異國他鄉時，一聽到 Fado 音樂，思鄉之情就會油然而生。這是一種情感共鳴，一種與生俱來的默契。就好比學生背井離鄉去外地讀書，突然聽到有同學說著自己家鄉的方言，會莫名感到特別地親切，也會拉近彼此的距離，從而熟絡起來。

　　另一方面，從非葡萄牙籍的遊客觀眾受訪者的實證訪談過程中發現，受眾認為 Fado 音樂非常有感染力，能牽動觀眾思緒，甚至覺得「歌手演唱水準高」、「音樂很好聽」、「現場氛圍很好」，但僅僅是將 Fado 認定是一種葡萄牙傳統文化和一種藝術呈現，文化認同的存在程度有限。對於非葡萄牙籍的遊客觀眾而言，在多數人不懂葡萄牙語的先天限制下，大多數受眾在不知道歌詞內容意涵的情況下，僅能倚靠欣賞樂曲旋律、歌手唱腔、樂器演奏等藝術表現方式來了解 Fado 音樂。這也對於非葡萄牙籍遊客觀眾真正了解 Fado 樂曲當中所要表達意涵形成了條件限制，使得有一些非葡萄牙籍的遊客觀眾覺得難以理解，或是進而使得受眾對這種藝術形式不感興趣，體驗過後就不會再聽了。

　　本研究通過半結構訪談法、內容分析法以及敘事分析法，對葡萄牙 Fado 音樂的傳播現狀進行資料收集與分析，並根據分析結果，對本論文所預設的三個研究假設進行驗證，獲得驗證結果如下：

假設 1（H1）：葡萄牙觀眾與外籍觀眾對於 Fado 音樂的文化認同程度，會因為受眾差異因素而有顯著的差異。驗證結果：成立

假設 2（H2）：提升受眾對於 Fado 音樂的文化認同，將有助於葡萄牙 Fado 音樂在全球範圍內的文化傳播。驗證成果：部分成立

假設 3（H3）：葡萄牙 Fado 音樂在今日葡萄牙的發展，因為受眾的分布、認知程度和文化認同等因素，對於其文化傳播造成限制。驗證結果：成立

綜上所述，在現場聆聽 Fado 音樂時（圖 2-3），受眾同樣感受到了音樂的憂傷氣息，但葡萄牙人觀眾和非葡萄牙籍的遊客觀眾，這兩類不同身分背景的受眾在體會到的情感是不一樣的。同樣的 Fado 音樂受眾端，由於葡萄牙籍觀眾和非葡萄牙籍遊客由於身分背景條件差異，兩者對於 Fado 音樂的感悟程度不同，也形成對 Fado 音樂認同程度存在差異。這種由於受眾端身分不同，不僅使得對文化認同有程度上的強弱差異，可以驗證文化認同感的強弱因身分不同而改變。

另一方面，通過對比葡萄牙人受訪者與非葡萄牙籍的遊客觀眾受訪者的訪談文本得出，葡萄牙人觀眾受訪者對 Fado 音樂的關注度大於非葡萄牙籍的遊客觀眾受訪者。例如，葡萄牙人受訪者在日常生活中會經常收聽 Fado 音樂，在多個播放平台尋找音源，同時年輕人也樂於加入 Fado 音樂社團，在學校和街邊彈唱 Fado 音樂。受訪者稱，現今 Fado 音樂仍有非常多的年輕受眾，每年都有新的 Fado 音樂專業藝術工作者出現，不斷更新 Fado 音樂的表演形式；而非葡萄牙籍的遊客觀眾受訪者稱，他們回到自己國內之後基本就不會主動去聽 Fado 音樂。因此，對於葡萄牙 Fado 音樂的傳播，在葡萄牙人受訪者的群體中更容易實現。

本文對於文化認同與文化傳播之間的相互關係，通過實證訪談調研結果發現，同為受眾端的葡萄牙人受訪者對 Fado 音樂的認同感，對比非葡萄牙籍的遊客觀眾受訪者較強，顯示這份文化認同感對 Fado 音樂的傳播效果影響深遠。面對文化認同感越強的群體，文化傳播的效果越好，可說明文化認同在 Fado 音樂的傳播過程中起到了重要的作用，對 Fado 音樂文化傳播有顯著影響。換言之，提升受眾端對於文化活動的文化認

同程度，會有助於文化活動的傳播；換言之，若想 Fado 音樂的文化傳播
能更進一步提升，提升受眾端對於 Fado 音樂的文化認同具有正向的助
益。

🎵 圖 2-3：受訪對象於澳門公部門舉辦 Fado 音樂現場演出活動
資料來源：作者拍攝

參考文獻

王沛、胡發穩（2001）。民族文化認同：內涵與結構。上海師範大學學報，1，
104。

王仕圖、吳慧敏（2003）。質性研究方法與資料分析。嘉義：南華大學教育社
會所。

田旭（2006）。音樂傳播是中國音樂文化的展現。文化研究，9，172。

石義彬（2011）。大眾傳媒在文化身分再現和建構中的角色探究。武漢大學學
報，1，119。

石義彬、熊慧（2011）。中國文化認同研究的理論、語境與方法。新聞傳播，
3，7-11。

安東尼‧史密斯（Anthony D. Smith）（2002）。全球化時代的民族與民族主義
（龔維斌、良警宇譯）。北京：中央編譯出版社。

杜道明（2008）。語言與文化關係新論。中國文化研究，4，133-140。

李豔（2014）。在文化傳播中拓展語言傳播 以語言傳播深化文化傳播。語言文
字應用，3，125-132。

吳明（2009）。音樂類非物質文化遺產進入高師音教課堂的思考。中國音樂，
2，153-156。

金橋（2014）。來自伊比利亞的靈魂悲歌－葡萄牙 Fado 歷史及藝術特徵初探。
南京藝術學院學報（音樂與表演），2，105-110。

周大鳴（2004）。論族群與族群關係。廣西民族學院學報，2，13-25。

林本炫、周平（2005）。質性研究方法與議題創新。嘉義：南華大學教育社會
所。

徐亦行（2018）。國外非物質文化遺產保護的經驗與啟示：全 4 卷。北京：社
會科學文獻出版社。

高金萍（2008）。西方電視傳播理論評析。北京：中國傳媒大學出版社。

郭慶光（1999）。傳播學教程。北京：中國人民大學出版社。

夏學理等（2003）。藝術管理。臺北：五南。

陳向明（2002）。社會科學質的研究。臺北：五南。

陳虹（2007）。試談文化空間的概念與內涵。文物世界，1，44-46。

烏丙安（2007）。民俗文化空間：中國非物質文化遺產保護的重中之重。民間
　　文化論壇，1，98-100。

張朝霞、黃昭文（2019）。文化傳播學。北京：中國人民大學出版社。

崔新建（2004）。文化認同及其根源。北京師範大學學報，4，102-104。

賀陽（2008）。漢語學習動機的激發與漢語國際傳播。語言文字應用，2，23-
　　31。

雍琳、萬明剛（2003）。影響藏族大學生藏、漢文化認同的因素研究。心理與
　　行為研究，3，181-185。

鄭雪、王磊（2005）。中國留學生的文化認同、社會取向和主觀幸福感。心理
　　發展與教育，1，48-54。

鄭新文（2016）。藝術管理概論（修訂版）。上海：上海音樂出版社。

鄭春霞、周常春（2012）。廣義文化空間視角下非物質文化遺產保護研究－以
　　福建土樓為例。昆明理工大學學報（社會科學版），12(6)，82-87。

趙志安（2000）。音樂傳播學科認識導論。　北京：中國傳媒大學出版社。

劉魁立（2004）。非物質文化遺產及其保護的整體性原則。廣西師範學院學
　　報，4，1-8。

樸松愛、樊友猛（2012）。文化空間理論與大遺址旅遊資源保護開發。旅遊學
　　刊，27(4)，39-47。

謝大京（2016）。藝術管理（第三版）。北京：法律出版社。

韓若男（2011）。高師院校保護音樂類非物質文化遺產之思考。河南教育（中
　　旬），4，62-63。

Aaron Tkaczynski & Sharyn Rundle-Thiele (2013). Understanding What Really
　　Motivates Attendance: A Music Festival Segmentation Study. *Journal of Travel
　　& Tourism Marketing*, 30(6), 78-83.

Arts Council England (2016). *Audience development and marketing and Grants for the
　　Arts* (Information Sheet).

Bruno, S. F. (1994). The economics of music festivals. *Journal of Cultural Economics*,
　　18 (1), 23-25.

Câmara Municipal de Coimbra (2022a). *Fado de Coimbra*. Retrieved from:
　　https://www.cm-coimbra.pt/areas/visitar/7-razoes-para-visitar/3-fado-de-coimbra

Câmara Municipal de Coimbra (2022b). *Queima das Fitas*. Retrieved from: https://www.cm-coimbra.pt/areas/visitar/ver-e-fazer/festas-feiras-e-romarias/queima-das-fitas

Carey, J. W. (1992). A cultural approach to communication. In J. W. Carey (ed.), *Communication as culture: Essays on media and society*. New York: Routledge. 13-36.

Castro, M. (2017). *Fado as an added value for tourism in Lisbon, Ph.D. Dissertation*.

Chris Anderton (2011). Music festival sponsorship: between commerce and carnival. *Arts Marketing: An International Journal*, 1(2), 20-23.

Cigarro, Ana (2015). Silêncio, que se vai falar de Fado. *Dialogando-Talking*, Vol.40. 14-19. Retrieved from: http://202.175.82.54/talking/40/p14-19.pdf

Costa, J. & Nossa, P. N. (2017). Beyond Sight and Sound: Fado of Coimbra, Intangible Heritage with Touristic Value. *Rosa dos Ventos*, 9(4), 557-568.

Colbert, F. (2012). *Marketing Culture and the Arts*. Paris: HEC Presses. 15.

Diggle, K. (1984). *Guide to Arts Marketing: The Principles and Practice of Marking as they apply to the Arts*. London: Rhinegold Publishing.

Dohan, Daniel & Martin Sanchez-Jankowski (1998). *Using Computers to Analyze Ethnographic Field Data: Theoretical and Practical*.

Erin, K. Sharpe (2008). Festivals and Social Change: Intersections of Pleasure and Politics at a Community Music Festival. *Leisure Sciences*, 30(3), 70-76.

Francois Colbert (2001). *Marketing Culture and the Arts. Montréal: Chair in Arts Management*.

Geertz, C. (1963). The integrative revolution: Primordial sentiments and civil politics in the new states. In C. Geertz (Ed.), *Old societies and new states: The quest for modernity in Asia and Africa*. N.Y.: The Free Press. 105-107.

Goodenough, H. (1998). *Culture and Society*. UK: Cambridge University Press.

Gladstonem, J. R. (1972). Language and Culture. In Chris Holfester (eds.). *Teaching English as a Second Language*. London: Allen Cmpbell.

Glaser, Barney G. & Anselm L. Strauss (1967). *The Discovery of Grounded Theory*. New York: Aldine Publishing Company.

Hall, Stuart (1990). Cultural Identity and Diaspora, In Jonathan Rutherford (ed.), *Identity: Community, Culture, Difference*. London, Lawrence & Wishart, 222-239.

Hall, Stuart (1996). Who Needs 'Identity'?, In Questions of Cultural Identity (eds.), *Stuart Hall & Paul du Gay*. London, Thousand Oaks & New Delhi: SAGE, 1-17.

Hall, S. (2006). *Cultural identity and diaspora*. MA: Blackwell.

Holloway, Geoff (2019). Liminality, Fado & Tourism. *Heritage Studies*, 20(7-8), 742-759.

NE (2021). *Estatísticas da Cultura- 2020*. Lisboa: Instituto Nacional de Estatística, I.P. Retrieved from: https://www.ine.pt/ngt_server/attachfileu.jsp?look_ parentBoui= 535399210&att_display=n&att_download=y

Kwan, K. K. & Sodowsky. G. R. (1997). Internal and external ethnic identity and their correlate: A study of Chinese American immigrants. *Journal of Multicultural Counseling and development*, 25(1), 51-67.

Liz Hill (2003). *Creative Art Marketing, Catherine O' Sullivan & Terry O' Sullivan*. Butterworth-Heinemann.

Lee, H. (2005). When Arts Met Marketing: Arts Marketing Theory Embedded in Romanticism. *International Journal of Cultural Policy*, 11(3), 289-305.

Lasswell, H. D. (1948). The structure and function of communication in society. In Lyman Bryson (eds.), *The Communication of Ideas*. New York: The Institute for Religious and Social Studies Press, 215-218.

Matsuura, K. (2000). Is the globalization of the economy creating values for a new civilization? *Prospects*, 30, 399-404, https://doi.org/10.1007/BF02736929

Maria Joao Carneiro, Celeste Eusebio & Marisa Pelicano (2011). An expenditure patterns segmentation of the music festivals' market. *International journal of sustainable development*, 14(3/4), 66-79.

Martins da Silva, C. S. (2015). *O Fado como instrumento de apoio à internacionalização Portuguesa*. Unpublished doctoral dissertation, Business & Economics School, Lisboa, Portugal.

Phinney, J. S. (1990). Ethnic identity in adolescents and adults: Review of research. *Psychological Bulletin*, 108(3), 499-514.

Pereira, Sara (2008). "Circuito Museológico", In *Museu do Fado 1998-2008*, Lisboa: EGEAC/Museu do Fado.

Philip, K. (1994). *Marketing Management*. London: Pearson Education.

Rapoport, A. (1977). *Human Aspects of Urban Form*. Oxford: Pergamon Press.

Rex Nettleford (2004). Migration, Transmission and Maintenance of the Intangible Heritage. *Museum International*, (56), 78-83.

Saifuddin Khalid (2018). Saiful Alam Chowdhury. Representation of intangible cultural heritage of Bangladesh through social media. *Anatolia*, 29(2), 194-203.

Sheenagh Pietrobruno (2014). Between narratives and lists: performing digital intangible heritage through global media. International Journal of Considerations. *Annual Review of Sociology*, 24, 477-498.

Stern, H. H. (1999). *Issues and options in language teaching*. Shanghai: Shanghai Foreign Education.

Strauss, Anselm & Juliet Corbin (1990). *Basics of Qualitative Research: Grounded Theory Procedures and Techniques*. Newbury Park: Sage Publications.

Simon, Hudson & Rupat, Hudson (2013). Engaging with consumers using social media: a case study of music festivals. *International Journal of Event and Festival Management*, 4 (3), 206-223.

UNESCO (2011). Nomination File No. 00563 For Inscription in 2011 on the Representative List of The Intangible Cultural Heritage of Humanity, Convention for the Safeguarding of the Intangible Cultural Heritage, Intergovernmental Committee for the Safeguarding of the Intangible Cultural Heritage. *Sixth session, Bali, Indonesia*, 22 to 29 November 2011. Retrieved from https://ich.unesco.org/doc/src/00563-Nomination_form.doc

UNESCO (2011). Decision 6.COM 13.39, UNESCO Culture Sector, *Eighth Session of the Intergovernmental Committee* (6.COM), 22 to 29 November 2011. Retrieved from https://ich.unesco.org/en/decisions/6.COM/13.39

Universidade de Coimbra (2022). *Beyond sight and sound: Fado of Coimbra, intangible heritage with touristic value*. Retrieved from https://www.uc.pt/ruas/links/fado

Usunier, J. (1996). *Marketing Across Cultures*. N.Y.: Prentice- Hall.

Chapter 3

外國遊客網評下的
葡萄牙形象認同

The Image and the eWOM: from the Perspective of Foreign Visitors to Portugal

柳嘉信、李寶怡

Eusebio C. Leou, Baoyi Li

本章提要

　　旅遊活動是人們深度了解一個外國的方式，通過旅遊活動，遊客得以在組織出所造訪目的地國的國家形象。大多數有關於外國遊客評價目的地形象的研究，是基於旅遊學研究範疇出發，較少有成果涉及外國遊客網路評價對於目的地國的國家形象、目的地形象之間差異和相互作用。本文探討了國家形象、目的地形象、目的地評價之間的關係，以葡萄牙的國際遊客作為研究對象，使用以信息科技為支撐的網路爬蟲技術（Python）收集外國遊客在互聯網上的網路口碑（eWOM），並通過遊客對葡萄牙旅行後的評價來了解葡萄牙旅遊目的地形象的影響。探索雙向互動式的資訊交流方式為遊客和旅遊產業之間建立起的聯繫及其所產生的相互影響，提出相關優化措施，推動傳統旅遊業向智慧型的旅遊新業態的轉型發展。

關鍵詞：網路口碑（評價）、目的地形象、國家形象、葡萄牙

Abstract

　　Tourism is a way for people to get a better understanding about a certain country. Through tourism activities, tourists can organize the country image of their visit destination. Most of the research on visitors' evaluation of destination image is based on the prospective of tourism research, besides, few of results are related to the relations among visitors' online evaluation, country image of destination and destination image. This article takes the international tourists visiting Portugal as research object, and uses the web crawler technology (Python) supported by information technology to collect data from the electronic word of mouth (eWOM) of foreign tourists. Then, through the post-travel evaluation of Portugal to understand the influence of Portugal tourist destination image. The influence of the resort exploring the two-way interactive information exchange method for the establishment of the connection between tourists and the tourism industry and the mutual influence it produces and proposing relevant optimization measures to promote the transformation and development of the traditional tourism industry into a smart tourism industry.

Key Words: Electronic Word of Mouth (eWOM), Destination Image, Country Image, Portugal

一、前　言

　　旅遊活動是人們深度了解一個外國的方式，通過出境的旅遊活動，遊客得以型塑出一個國家的形象；於此同時，遊客在出國從事旅遊活動的過程中，目的地國家的民眾也能從來訪外國遊客的言行舉止，型塑出心目中對於遊客來源國家的形象（Mossberg & Kleppe, 2005; 桑穎，2009）。大多數有關於外國遊客評價目的地形象的研究，是基於旅遊學或消費者行為研究範疇出發（Jalilvand & Samiei, 2012; Nuseir, 2019），較少有成果涉及外國遊客網路口碑（評價）對於目的地國的國家形象、目的地形象之間差異和相互作用。對社交媒體和旅遊產業的關係研究中發現，在社交媒體管道中發布、評論和共用資訊的遊客，以及由專業旅行者和旅遊記者所編輯生成的內容，是目的地品牌化過程面臨最大的數字化挑戰（梅文慧、王歷晴，2017）。新媒體利用社交媒體投放廣告對產品進行宣傳，包括由社交網路或商業網路平台（如 Facebook，Twitter或 LinkedIn 等），網路平台中的廣告可以作為贊助商貼文，出現在置入式內容中或新聞來源旁邊，產生管道多樣性的廣告收入，使得參與的受眾更加廣泛，對於客戶定位的掌握也更加精準（李儒俊，2015）。

　　葡萄牙是歐洲主要的旅遊目的地之一，國際旅遊業是葡萄牙經濟的主要貢獻產業之一，旅遊業是葡萄牙重要的經濟活動（Statista, 2020）。葡萄牙的國際旅遊業為葡萄牙經濟帶來巨大收益的同時，葡萄牙國內旅遊需求也日益受到關注。葡萄牙旅遊企業利用新媒體對葡萄牙旅遊目的地進行宣傳，透過 YouTube、Facebook 等社交媒體平台對葡萄牙的旅遊景區、文化等進行展示宣傳，使用社交媒體對網絡口碑（eWOM）傳播，為葡萄牙旅遊目的地的形象宣傳帶來了嶄新的、迅速的、跨時空的傳播渠道。這種以信息技術作為支撐而產生的網路宣傳方式帶動了當地旅遊產業的發展。信息技術發展的同時帶動著葡萄牙旅遊的發展，本文希望透過對葡萄牙資訊技術、新媒體和旅遊產業發展現狀的了解，探究旅遊目的地形象和旅遊目的地品牌化的概念、內涵，以到訪葡萄牙旅遊

的國際旅客作為研究對象，分析探討葡萄牙作為一個旅遊目的地形象的推廣對其旅遊產業的作用及影響；以消費者的角度分析葡萄牙作為目的地的現代旅遊業所存在的問題與不足，結合葡萄牙遊客的消費行為，有針對性地對旅遊網路營銷策略進行調整和優化，提出相關的可行性建議，推動傳統旅遊業向現代智慧化的旅遊產業的轉型升級。

二、研究背景概述

　　遊客通過造訪旅遊目的地，與目的地當地居民產生互動和交流的機會，通過這種涵化（acculturation）的過程，一方面使得目的地當地的居民及社會文化會因為遊客的到訪而帶來影響，另一方面目的地當地的社會文化也會對遊客本身產生了程度不一的影響，包括了行為、價值觀、習俗、態度等方面（Page & Connell, 2009）。在現今的大數據時代，以信息技術作為依託，對旅遊目的地的推廣方式從傳統的電視、報紙等宣傳逐漸轉變為現代新媒體宣傳，宣傳群體由業界轉變為以業界作為主導，消費者群體為輔的雙向宣傳，消費者不再是單向的宣傳接收者，而是更主動地成為一個旅遊目的地、一個國家的宣傳者和代言人，那麼遊客對於旅遊目的地形象的構建產生了比過去更大的影響。

　　根據全球數據統計庫（Statista）對葡萄牙的旅行和旅遊進行統計的結果顯示，旅遊產業是推動葡萄牙發展的重要產業，西班牙是葡萄牙最重要的旅遊市場，其次是英國（Statista, 2020）。在 2019 年，來自兩國的遊客均超過 200 萬。里斯本是國際遊客參觀人數最多的目的地，而以海濱渡假勝地而聞名的阿爾加威（Algarve）地區每年也吸引百萬國際遊客。葡萄牙的居民也會在自己的國家旅行，每年有超過四分之一的人口在國內旅行，該國北部地區是國內旅行者中最受歡迎的目的地；只有一小部分人選擇出國旅行，對於出境旅客，西班牙是最吸引人的目的地。在到訪葡萄牙的國際遊客的宣傳推廣之下，人們對葡萄牙作為一個旅遊目的地的印象會上升到國際旅遊目的地形象，由構建旅遊目的地品牌所產生的獨特的標記會烙印到國際遊客的心中，因此，葡萄牙旅遊目的地

口碑營銷可能影響葡萄牙構建國際旅遊目的地形象。

　　根據全球最大遊客網路評價平台網站「Tripadvisor（貓途鷹）」上來自世界各地國際遊客的網評，本文研究者進行初步的信息採集後，按語言分類及翻譯後發現，網評中對於葡萄牙的形象描述，「漂亮（beautiful）」、「壯麗（brilliant）」、「有趣（interesting）」、「親切（friendly）」為出現頻率較高的幾個主要形容詞，也是國際遊客對於葡萄牙正面評價的高頻詞；另一方面，網評中對於葡萄牙的負面評價則以「繁忙（busy）」、「擁擠（crowded）」、「收費高（expensive）」為出現頻率較高的幾個形容詞。本文基於資訊技術探究科技為旅遊產業帶來的新機遇，從遊客對目的地的網絡關注度和滿意度出發，嘗試建立遊客網路口碑評價、目的地形象、國家形象、品牌化之關聯性，並以訪問葡萄牙的外國遊客網評進行實證研究加以驗證。探討旅遊目的地形象對目的地品牌化的影響，推動葡萄牙目的地品牌化，探究新媒體管道下網絡口碑對國家形象的宣傳作用，對構建葡萄牙國際旅遊目的地正面形象，促進葡萄牙國家品牌化帶來啟發。

三、文獻探討

（一）國家形象

　　對於國家形象（Country Image, CI）的研究，最早應可以追溯到 1930 年代和 1940 年代（Katz & Braly, 1933; Klingberg, 1941）。隨著當時全球經濟和國際貿易的持續發展，消費者的購買選擇性增加，可以在本國貨和進口貨之間進行選擇，連帶使得原產國（country of origin）概念從 1960 年代中期開始成為研究國際行銷學者們研究的熱點話題。早期，商學領域的學者將單一特定商品的理念進一步加以衍生，從商品本身帶給消費者的理念和形象擴及到其生產國的形象（Nagashima, 1970）。這種從特定國家的商品本身形象去對背後商品生產國的形象加以引申詮釋的方式，是一種對國家形象的狹義定義（Agarwal & Sikri,

1996）。隨後，國際貿易與商務行銷領域裡最盛行的觀點，是將國家作為產品的原產地，一般稱之為「原產國形象（country-of-origin image, COI）」或是「商品－國家形象（product-country image, PCI）」（Papadopoulos & Heslop, 2014）。在此種概念認知下，國家形象是一種基於商品原產國對商品品質的一般認知（Bilkey & Nes, 1982）。「商品－國家形象」代表了基於某些商品和品牌的製造和設計地點，以及總部所在地對國家的看法（Nadeau et al., 2008）。然而，無論是「原產國形象」或「產品國家形象」的研究（Lee & Lockshin, 2012），這些概念雖然與國家形象的概念有關，但其概念上大都從商品出發，與國際貿易和商務較有密切關聯，屬於一種特定背景下的概念和定義（Gertner & Kotler, 2004）。對於與商品或國際貿易背景無關，且可通用於一般非特定背景下的國家形象概念，當前學界對此在定義上尚未有取得一致的明確共識。

　　從字面上定義國家形象，應該是指一個國家對外的整體形象，其內涵應包含文化、傳統、歷史、經濟、政治和技術等不同元素。曾有學者將國家形象定義為「人們對地方的信念和印象的總和」（Kotler, Haider & Rein, 1993），將其視為是一種通用概念，強調所謂的國家形象是人們對某個特定國家的整體的、多樣化的印象。在此種概念下，國家形象不再僅僅是早期僅侷限於國際貿易或商務行銷之類的特定背景下所適用，而應該被定義成是一個與國家本身相關的廣義詞（Mossberg & Kleppe, 2005）。事實上，當前人們對於國家形象的認知，早已脫離早期與商品生產地或銷售行為相關的範疇，而更進一步適用於其他與國家相關的情境下。關於國家形象的大多數研究都是基於態度理論，主要關注國家刻板印象（national stereotypes）和國家觀念（perceptions of nations）（Laroche, Papadopoulos, Heslop & Mourali, 2005; Alvarez & Campo, 2014）。

（二）旅遊目的地形象

　　旅遊市場是一個高度競爭的環境，旅遊目的地之間往往存在高度的競爭性，負責目的地營銷的業務人員必須找到有效的方法，技巧地將某

一旅遊目的地的正面形象和當地的賣點特性清楚傳達給消費遊客，以提高和促進消費遊客的造訪意願（Roodurmun & Juwaheer, 2010）。因此，對於旅遊目的地形象（Tourism Destination Image, TDI）的研究，一直都是旅遊研究的熱點之一（Pike, 2002），一方面對旅遊主管部門及旅遊相關業者提供目的地行銷上的策略引導，另一方面也有助於了解遊客造訪某一目的地的出遊意願、重遊意願、滿意度等優劣勢，對於旅遊業的發展甚為重要（Chen, 2001; Echtner & Ritchie, 2003; Cracolici et al., 2009; Chagas et al., 2013）。

旅遊目的地形象（Tourism Destination Image, TDI）概念的提出，可以追溯到 1970 年代，美國學者 Hunt 發表的〈Image: A Factor in Tourism〉被視為是學界對旅遊目的地形象研究的開端（Hunt, 1975; Ehemann, 1977）。其後，各研究者從不同的角度出發，並且結合時代特徵提出了自己的看法，對於旅遊目的地形象進行定義和概述，在過去近半個世紀當中，學界對於旅遊目的地形象進行了大量的研究（Gallarza, Saura & Garcia, 2002）。其中，在早期的研究中，Echtner & Ritchie 提出了一種模型架構，使用結構化和非結構化方法，從「屬性－整體（attribute-holistic）」、「功能－心理（functional-psychological）」、「一般－獨特（common-unique）」等三個維度，來整體分析和測量目的地形象。其中「屬性－整體」是從遊客個體的感知，去勾勒出對於其心目中對於目的地的整體樣貌；「功能－心理」則是從有形、可測量的外在去衡量無形的內在屬性；「一般－獨特」則是通過目的地本身所具備的獨特性程度高低，衡量目的地的屬性（Echtner & Ritchie, 1993）。這個模型架構也成為許多後續目的地形象相關研究所沿用的基礎（MacKay & Couldwell, 2004; O'Leary & Deegan, 2005; Prebensen, 2007; Tasci, Gartner & Cavusgil, 2007; Stepchenkova & Morrison, 2008）。

在旅遊學科範疇的研究中，對於影響旅遊目的地形象的因素已有一定的共識，大致上包括了認知態度（cognitive attitude component）、情感評價（affective component）、行為意向（conative component）等方面。研究者主要研究聚焦於對目的地知識和信念相關的認知態度成分，主張目的地形象與遊客對於目的地的認知態度有關；此外，旅遊學中對於目

的地形象的情感成分也進行了相當的研究，強調目的地帶給遊客的情緒感受亦是影響目的地形象的因素之一（King, Chen & Funk, 2015; Papadimitriou, Kaplanidou & Apostolopoulou, 2015）。此外，遊客造訪目的地期間的行為、意向，也構成了影響目的地形象的因素之一（Gartner, 1994; Pike & Ryan, 2004）。遊客會根據在目的地期間的所見所聞，以及對於目的地的親身體驗，進而形成個人採取行為的步驟（Konecnik & Gartner, 2007）。這些採取的行為或可稱之為意動（conation），包括了遊客因為在目的地期間的見聞體驗，致使其產生了再次造訪的舊地重遊意願、決定和舉措，以及遊客將其個人在此一目的地的親身見聞，形成向其他人轉述的口碑評價（word-of-mouth）。

　　總而言之，國家形象和目的地形象似乎是在大致相同的時間段內在平行但不相連的路徑上發展起來的（Zhang, Wu, Morrison, Tseng & Chen, 2018）。有趣的是，最常被引用的目的地形象的定義與國家形象的定義非常相似，例如 Kotler et al.（1993）對於國家形象的定義就和為旅遊學界廣泛引用的 Crompton（1979）對目的地形象的定義十分接近，大抵都認為（目的地）國家形象就是「一個人對目的地的信念、想法和印象的總和」（Chen & Tsai, 2007; Choi, Lehto & Morrison, 2007; Hosany, Ekinci & Uysal, 2006; Lee, Lee & Lee, 2005），兩者都強調個人對特定地點的認知形象。可以看出，形象是影響人們選擇產品、服務和目的地的關鍵概念。與國家形象研究一樣，許多針對目的地形象研究都是基於態度理論的應用；態度理論則長期成為國家形象和目的地形象兩者在研究上的共同基礎。從實踐的角度來看，地方營銷和品牌塑造有助於形象形成，因此更深入地了解國家和目的地形象有助於開發更有效的定位和目的地品牌塑造方法。

（三）口碑（Word-of-mouth）與網絡口碑評價（eWOM）

　　Richins（1983）發表的文章〈Negative Word-of-Mouth by Dissatisfied Consumers: A Pilot Study〉，她的研究發現，消費者的滿意度和負面口碑之間存在負相關關係，而且，對產品感到不滿意的消費者參與負面口碑

傳播的可能性會更大。Arndt（1967）認為，口碑傳播（Word-of-mouth,
WOM）是指傳播者與接收者之間的口頭上的人對人之間的交流，而傳播
者針對某個品牌，產品或服務的口碑，所發表的觀點是非商業性的。他
在對口碑的進一步研究還發現，當消費者接觸到關於產品的正面評價
時，會增加消費者購買該產品的可能性；而當他們接觸不利評論則會降
低購買的可能性。Gartner（1994）的研究提出了構建目的地形象過程的
三個資訊來源，包括了：由目的地官方或推廣代理單位（induced
agents）所提供的信息源（旅遊指南、報刊雜誌文章等非遊客所提供內
容）；從曾到訪當地的家人或朋友在主動或非主動情形下自主擔任代言
（organic agents），這類的消息來源且被稱之為口碑（word of mouth,
WOM）；以及遊客本身在目的地所獲得的真實體驗。隨著網際網路（互
聯網）的發展，傳統的口碑傳播的也開始通過網路進行，使得「網路口
碑（Electronic word-of-mouth, eWOM）」也逐漸盛行；網路口碑的概念
開始在 Stauss（1997）等人的研究中出現，並將網路口碑定義為由顧客
在網上發表對企業或產品的個人觀感評價，藉此與其他消費者進行交
流，亦可提供企業做為有效的參考。有時企業員工也可參與網絡口碑的
討論，通過聲援顧客的觀點或補充其他內容來維護企業的清譽和利益。
吳雪飛（2010）的實證研究也發現，網絡口碑和旅遊目的地形象之間存
在著顯著的正相關關係。旅遊目的地形象、網絡口碑和顧客忠誠度三者
之間是相互影響的，正面的目的地形象能夠提高遊客的顧客忠誠度，同
時也提升遊客網絡口碑對目的地的推薦度。

四、觀察與實證

本研究對相關數據的採集所採用的是聚焦網絡爬蟲技術，聚焦網絡
爬蟲，又名為「主題網絡爬蟲（Topical Web Crawler）」。Chakrabarti
等（1999）對聚焦網絡爬蟲的探究中發現，這種爬蟲技術是針對代表互
聯網相對狹窄網段的一組特定主題來查找、獲取、索引和維護頁面，它
只需要很少的硬體和網絡資源投資，就可以快速獲得可觀的覆蓋率，互

聯網上的內容可以由專注於爬蟲的分布式團隊管理，每個爬蟲都專門研究一個或幾個主題，與其他類型的網絡爬蟲相比更加靈活。只要對目標網站的網絡源代碼進行剖析，找尋遊客對目的地的評價路徑，編寫相關代碼獲取網頁後對數據進行逐一解釋，對爬取目標—遊客對葡萄牙旅遊目的地的網絡評價進行規則制定，制定循環規則，得到指定的 URL 網頁內容，執行程式，進行數據提取。在主題網絡爬蟲中，對 URL 的選取是十分重要的，Lu 等（2016）提出，聚焦網絡爬蟲是進行資訊收集的常用工具，聚焦爬蟲受選取 URLs 方法的影響。

研究過程與發現根據網絡爬蟲技術所採集到的數據，參照基於 IPA 分析法（Importance-Performance Analysis）建立的「關注度－滿意度」分析模型對數據進行分析比對，計算關注度及滿意度之平均值，建立象限坐標量化分析結果並得出結論，探究遊客對目的地的滿意度和關注度對目的地形象的影響。

（一）智慧旅遊平台遊客對葡萄牙目的地評價探析

為了充分收集造訪葡萄牙外國旅客的網路評價，本文選取目前全球較具知名度與網路普及使用率的遊客網路評價平台網站「Tripadvisor（貓途鷹）」作為網路評價的數據收集來源，以便能在該平台多語系介面的優勢下，收集到最廣泛且不受語言隔閡所限制的真實數據，提升研究的準確性。作者運用主題網絡爬蟲技術，從「Tripadvisor（貓途鷹）」網站中，以 2006 年 7 月至 2022 年 3 月之間與葡萄牙相關的旅客真實評價內容作為時間範圍，篩選出其中國際遊客評價出現率最高的葡萄牙城市，作為本文研究的目的地對象城市；最終共有八座葡萄牙的熱門城市出線，依照出現率由高而低排序分別是：里斯本（Lisboa）、波爾圖（Porto）、阿爾布費拉（Albufeira）、豐沙爾（Funchal）、拉各斯（Lagos）、法羅（Faro）、波爾蒂芒（Portimão）、蓬塔德爾加達（Ponta Delgada）等共八個城市。隨後，本文對於上述國際遊客評價出現率最高的八個葡萄牙城市，針對遊客網評當中有關該城市最熱門景點、最熱門戶外活動的評論數目和評分等相關數據，以及遊客對於葡萄

牙之網路評價及評分，進行歸納分析，進而具體分析葡萄牙的國家形象和目的地形象。其中，每一個城市均有多個景點，最熱門景點以及最熱門戶外活動的數據爬取前提條件基於旅行者點評，結合「Tripadvisor（貓途鷹）」上評論數和評分最高的景點及活動，即所選取的景點與活動是由評論數量與遊客評分相結合後綜合得出的結果，是最受歡迎及好評的葡萄牙城市、景點和戶外活動。

　　進一步對上述數據篩選進行梳理（如表 3-1 所示）可以發現，葡萄牙首都里斯本（Lisboa）總評價數目為 359,871 條，總景點數目 722 個，居葡萄牙旅遊熱門城市之首；其中里斯本最熱門景點是里斯本海洋館（Oceanário de Lisboa），評論數目則有 39,692 條，總占比約為 11%；而里斯本最熱門的戶外活動為私人觀光行程（Private Tour），評論數目為 1,756 條。葡萄牙北部第一大城、全國第二大城市波爾圖（Porto）的相關景點評論數量是 109,058 條，在葡萄牙旅遊熱門城市居次位；其中橫跨杜羅河兩岸的世界遺產「路易一世鐵橋（Ponte de Dom Luís I）」是遊客網評當中最常提及的波爾圖最熱門景點，評價數量為 24,388 條，占總比約為 22%；而波爾圖最熱門戶外活動為私人旅遊品牌業者「藍龍（Bluedragon）」波爾圖市區觀光遊覽行程，有 2,665 條相關評價。位於馬德拉群島（Madeira）的首府城市豐沙爾（Funchal）在遊客網評下共收集到 66,124 條相關評論，成為葡萄牙旅遊熱門城市的第三位；豐沙爾最熱門景點馬德拉島纜車（Teleféricos da Madeira）15,143 條評價，約占總數 23%，而豐沙爾當地最受歡迎的戶外活動是越野行程（Safari Tour），共收到評論數目 1,592 條。

🖉 表 3-1：遊客網路口碑中的葡萄牙熱門城市、景點及戶外活動（2006.7-2022.3）

熱門城市	景點數目（個）	評論總數（條）	最熱門景點		最熱門戶外活動	
			景點	評論總數（條）	活動	評論總數（條）
里斯本	722	359,871	里斯本海洋館	39,692	私人觀光	1,756

熱門城市	景點數目(個)	評論總數(條)	最熱門景點		最熱門戶外活動	
			景點	評論總數(條)	活動	評論總數(條)
Lisboa			(Oceanário de Lisboa)		行程(Private Tour)	
波爾圖 Porto	344	109,058	路易一世鐵橋 (Ponte de Dom Luís I)	24,388	Bluedragon 波爾圖 市區觀光	2,665
豐沙爾 Funchal	163	66,124	馬德拉島纜車 (Teleférico da Madeira)	15,143	越野行程 (Safari Tour)	1,592
阿爾布費拉 Albufeira	76	32,823	阿爾加維 海生公園 (Zoomarine Algarve)	8,795	海灘活動 (Praia da Falésia)	5,727
拉各斯 Lagos	42	18,178	皮達德岬角 (Ponta da Piedade)	5,397	海灘活動 (Praia Dona Ana)	3,820
波爾蒂芒 Portimão	40	10,998	洛查海灘 (Praia Da Rocha)	5,376	跳傘	757
法羅 Faro	47	7,465	法羅舊城 (Old Town Faro)	2,632	遊船和水上活動	1,668
蓬塔德爾加達 Ponta Delgada	54	5,604	城門廣場 (Portas da Cidade)	1,184	遊船	1,240

資料來源：「Tripadvisor（貓途鷹）」網站，作者整理 https://www.tripadvisor.com/

　　位於葡萄牙伊比利亞半島最西南端、地處法羅區（Faro）內的四個景點城鎮，包括了阿爾布費拉（Albufeira）、拉各斯（Lagos）、法羅（Faro）、波爾蒂芒（Portimão），則依其獲得的網評出現率分居葡萄牙第四、五、六、七位熱門旅遊城市，由此區塊化的分布情形，亦可呼應葡萄牙西南濱大西洋沿岸區域，向來是葡萄牙旅遊發展所扮演的重要角

色。其中，阿爾布費拉共收集到 32,823 條相關遊評，且在當地 76 個景點中最熱門的景點是阿爾加維海生公園（Zoomarine Algarve），共有 8,795 條旅遊評論，占總比大約是 27%；當地最熱門戶外活動是海灘活動（Praia da Falésia）共採集到 5,727 條評價。拉各斯共收到 18,178 條旅遊評價，當地 42 個景點當中最熱門景點是皮達德岬角（Ponta da Piedade），有 5,397 條評論，占總比約 30%。居第六位的波爾蒂芒（Portimão），共收集到 10,998 條相關遊評，當地最熱門景點為洛查海灘（Praia Da Rocha），共收到 5,376 則旅評，占總比約為 49%。

至於區域內的中心城市法羅（Faro），共收集到 7,465 則相關遊評，居第七位，當地 47 個景點中則以法羅舊城（Old Town Faro）為景點中最熱門，共有 2,632 條遊評提及，占法羅景點評價數目的 35%；而法羅最熱門戶外活動為遊船和水上活動（Praia Dona Ana），共有評價 1,668 條網評提及。

位於葡萄牙在大西洋上亞速爾群島（Açores）中最大城市蓬塔德爾加達（Ponta Delgada），共收集到 5,604 則相關遊評，成為葡萄牙旅遊熱門城市第八位。作為葡萄牙亞速爾自治區的行政首府和最大城市的蓬塔德爾加達，地處群島中面積最大和人口最多的聖米格爾島（São Miguel），蓬塔德爾加達（Ponta Delgada）的 54 處景點中，最熱門景點是城門廣場（Portas da Cidade）共 1,184 條評價，約占總比 21%。

根據遊客對葡萄牙熱門城市評分（表 3-2）繪製每個熱門景點和熱門戶外活動各評分人數的占比百分表（見圖 3-1 和圖 3-2）。在葡萄牙各熱門景點旅遊評分所占總百分比中，評分 4 分及以上的遊客所占的比重最多；葡萄牙各熱門戶外活動旅遊評分所占總百分比中，評分為 5 分的遊客占比最多；而 2 分及以下的評分則占比最少。

結合遊客對葡萄牙熱門城市評分及其平均分和葡萄牙各熱門景點、戶外活動旅遊評分所占總百分比兩者，分析得出葡萄牙八個熱門城市的最熱門景點及戶外活動的評分較高。此外，各景點和戶外活動之平均評分都在 4.0 以上，遊客對於葡萄牙旅遊目的地的滿意度也是較高的。

表 3-2：遊客對葡萄牙熱門城市評分（2006.7-2022.3）

熱門城市	最熱門景點及戶外活動	遊客評分					平均分
		很棒(5分)評價人數	好(4分)評價人數	一般(3分)評價人數	較差(2分)評價人數	很差(1分)評價人數	
里斯本 Lisboa	里斯本海洋館 (Oceanário de Lisboa)	25,717	10,523	2,814	458	180	4.5
	私人觀光行程 (Private Tour)	1,676	65	7	4	4	4.9
波爾圖 Porto	路易一世鐵橋 (Ponte de Dom Luís I)	16,656	6,911	764	41	16	4.6
	Bluedragon 波爾圖市區觀光	2,496	136	18	10	5	4.9
豐沙爾 Funchal	馬德拉島纜車 (Teleférico da Madeira)	8,052	5,491	1,306	195	99	4.4
	越野行程 (Safari Tour)	1,475	94	8	9	6	4.9
阿爾布費拉 Albufeira	阿爾加維海生公園 (Zoomarine Algarve)	5,739	2,171	620	146	119	4.5
	海灘活動 (Praia da Falésia)	3,875	1,525	287	26	14	4.6
拉各斯 Lagos	皮達德岬角 (Ponta da Piedade)	4,434	845	100	11	7	4.8
	遊船和水上活動 (Praia Dona Ana)	2,231	1,096	338	82	73	4.4
法羅 Faro	法羅舊城 (Old Town Faro)	1,088	1,111	339	73	21	4.2
	遊船和水上活動	1,518	115	21	9	5	4.9
波爾蒂芒 Portimão	洛查海灘 (Praia Da Rocha)	3,151	1,551	491	109	74	4.4
	跳傘	717	31	3	1	5	4.9

熱門城市	最熱門景點及戶外活動	遊客評分					平均分
		很棒 (5 分) 評價 人數	好 (4 分) 評價 人數	一般 (3 分) 評價 人數	較差 (2 分) 評價 人數	很差 (1 分) 評價 人數	
蓬塔德爾加達 Ponta Delgada	城門廣場 (Portas da Cidade)	443	538	190	12	1	4.2
	遊船	1,026	132	46	8	28	4.7

資料來源：「Tripadvisor（貓途鷹）」網站，作者整理 https://www.tripadvisor.com/

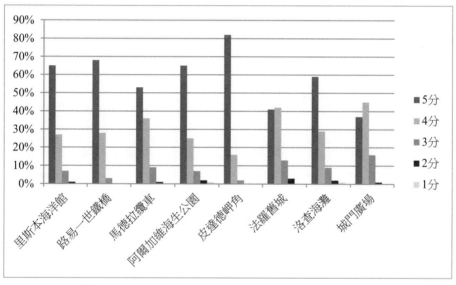

🎵 圖 3-1：葡萄牙各熱門景點旅遊評分所占總百分比

資料來源：「Tripadvisor（貓途鷹）」網站，作者整理 https://www.tripadvisor.com/

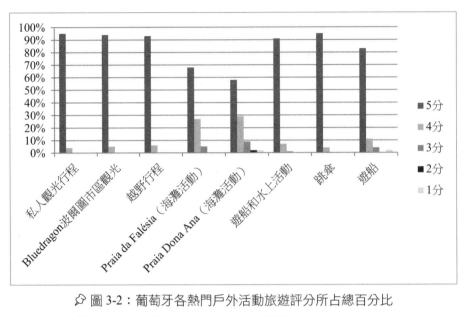

　　☆ 圖 3-2：葡萄牙各熱門戶外活動旅遊評分所占總百分比

資料來源：「Tripadvisor（貓途鷹）」網站，作者整理 https://www.tripadvisor.com/

　　再者，根據網站的評分機制，以 3.0 分作為中間值，3.0 分為中性評價，高於 3.0 分的評分為正面評價，而低於 3.0 分的評分則為負面評價，本文針對正面評價和負面評價進行定量測算分析，繪製葡萄牙熱門城市、最熱門景點及最熱門戶外活動的正負面評價頻率表（表 3-3）。

　　✎ 表 3-3：旅遊目的地正負面評價頻率表

熱門城市	最熱門景點 及戶外活動	正面評價 頻率/%	負面評價 頻率/%
里斯本 Lisboa	里斯本海洋館 (Oceanário de Lisboa)	91.3	1.6
	私人觀光行程 (Private Tour)	99.1	0.5
波爾圖 Porto	路易一世鐵橋 (Ponte de Dom Luís I)	96.6	0.2
	Bluedragon 波爾圖 市區觀光	98.8	0.6

熱門城市	最熱門景點 及戶外活動	正面評價 頻率/%	負面評價 頻率/%
豐沙爾 Funchal	馬德拉島纜車 (Teleférico da Madeira)	89.4	1.9
	越野行程 (Safari Tour)	98.6	0.9
阿爾布費拉 Albufeira	阿爾加維海生公園 (Zoomarine Algarve)	89.9	3.0
	海灘活動 (Praia da Falésia)	94.3	0.7
拉各斯 Lagos	皮達德岬角 (Ponta da Piedade)	97.8	0.3
	遊船和水上活動 (Praia Dona Ana)	87.1	4.1
法羅 Faro	法羅舊城 (Old Town Faro)	83.5	3.6
	遊船和水上活動	97.9	0.8
波爾蒂芒 Portimão	洛查海灘 (Praia Da Rocha)	87.5	3.4
	跳傘	98.8	0.8
蓬塔德爾加達 Ponta Delgada	城門廣場 (Portas da Cidade)	82.9	1.1
	遊船	93.4	2.9

資料來源:「Tripadvisor(貓途鷹)」網站,作者整理 https://www.tripadvisor.com/

結合圖 3-1、圖 3-2 及表 3-3 進行分析,遊客對葡萄牙目的地的正面評價頻率明顯高於負面評價頻率,而且正面評價的占比較高,所有城市景點及其戶外活動的正面評價頻率都在 80%以上。負面評價的所占比例較少,到訪葡萄牙的遊客的正面評價與滿意度呈正相關關係。

(二)定量模型構建與分析

本文基於「重要性-表現程度」分析法(Importance-performance Analysis,以下簡稱為 IPA 分析法),參照學者龔箭、楊舒悅(2018)構

建的關於目的地旅遊評價「關注度－滿意度」分析模型（Attention-Satisfaction Analysis，以下簡稱為 ASA 模型），對葡萄牙遊客評價的滿意度和關注度進行分析探究，由於遊客滿意度與目的地品牌形象存在著關聯性，因此，透過遊客的滿意度和關注度了解遊客對葡萄牙旅遊目的地品牌形象的認知和評價，可根據模型得出進一步結論，梳理葡萄牙目的地形象構建、目的地品牌化及國家形象三者的關係，對葡萄牙國家形象品牌化的深化和傳播提出有效的建議。本文基於 IP 分析法並參照 ASA 模型（龔箭、楊舒悅，2018）構建方法為：

(1)確定滿意度及關注度之分值範圍。

(2)分別求出目標的關注度和滿意度平均數，並以其作為交叉點劃分「關注度－滿意度」的象限圖。

(3)根據計算的目的地關注度和滿意度相關數值，確定象限位置，繪製 ASA 模型象限圖。

1. 定量模型相關變量測算

滿意度和關注度是模型的兩個核心變量，對此，本文參照 ASA 模型對旅遊目的地網絡關注度和滿意度的測算方法。對於智慧旅遊平臺「Tripadvisor（貓途鷹）」上遊客對於葡萄牙的評價進行統計，以相關評論總數（條）表徵目的地的網絡關注度，目的地相關評價與旅遊目的地關注度呈正相關關係。目的地關注度公式採用 $A_i = \frac{X_i}{\sum X_i} \times 100$，其中 X_i 為 i 的旅遊目的地評價總數。

其次，滿意度採用正面評價和負面評價的數量測算進行統計分析，其公式為 $S_i = \frac{P_i}{P_i + N_i} \times 100$，$P_i$ 是 i 旅遊目的地的正面評價數目，N_i 為 i 旅遊目的地的負面評價數量。據此並結合上文相關數據，繪製表 3-4。並分別計算出關注度和滿意度的平均值，其關注度平均值約為 27.3%；滿意度平均值為 89.9%。

表 3-4：葡萄牙各熱門城市的遊客關注度和滿意度

熱門城市	關注度/%	滿意度/%
里斯本 Lisboa	11.0	91.3
波爾圖 Porto	22.4	96.6
豐沙爾 Funchal	22.9	89.4
阿爾布費拉 Albufeira	26.8	89.9
拉各斯 Lagos	29.7	97.8
法羅 Faro	35.3	83.5
波爾蒂芒 Portimão	48.9	87.5
蓬塔德爾加達 Ponta Delgada	21.1	82.9

資料來源：「Tripadvisor（猫途鷹）」網站，作者整理 https://www.tripadvisor.com/

2. 遊客關注度分析

　　根據表 4 所得葡萄牙各熱門城市景點的遊客關注度相關數值，結合前文所採集到各個熱門城市中的景點總數，對遊客關注度進行分析。八個熱門城市中最為熱門的城市里斯本（Lisboa）總評論數目為 359,871 條，景點數目為 722 個，同時也是八個城市中景點數目最多的城市，其景點關注度為 11.0%，在八個熱門城市中關注度是最少的；評論數目和景點數目僅次於里斯本的城市－波爾圖（Porto），共有 344 個景點，其熱門景點關注度為 22.4%，雖然相比於里斯本（Lisboa）而言關注度有所增加，但該城市的關注度並不是最高的，而且它的關注度在八個城市中排名為倒數第三。而景點數目最少的城市波爾蒂芒（Portimão）的景點關注度有 48.9%，儘管該城市的景點數目最少，只有 40 個景點，但它的評論總數並不是最少的；而次於波爾蒂芒（Portimão）關注度的城市是法羅（Faro），景點僅有 47 個，但它的熱門景點關注度達到了 35.3%；總評論數目最少的城市是蓬塔德爾加達（Delgada），其景點關注度也達到了 21.1%。結合其他熱門城市的關注度情況得知，景點少的城市比景點多的城市所獲得的遊客關注度相對較高，波爾蒂芒關注度是八個熱門中最高的，此外，景點數量最少的城市其評論數目也不是最少的，綜上所述並根據葡萄牙景點數目與總評價數目層級對應關係（見圖 3-3），景點多、總評價數目較多的城市其遊客的關注度並不是最高的，而景點

少、遊客網評數量較少的城市則關注度相對更高，遊客對少數的熱門景點更為關注。

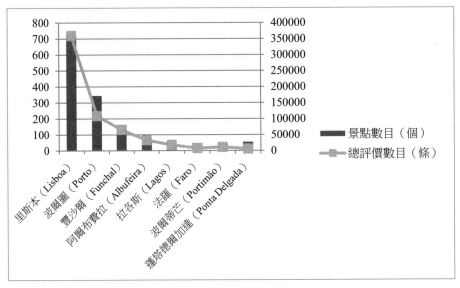

🔊 圖 3-3：葡萄牙景點數目與總評價數目層級對應關係

資料來源：「Tripadvisor（猫途鷹）」網站，作者整理 https://www.tripadvisor.com/

3.遊客滿意度分析

　　從旅遊目的地正負面評價頻率表（表 3）中對數據統計分析，到達葡萄牙進行旅遊活動的遊客對葡萄牙各熱門城市的正面評價明顯高於負面評價，表達積極正面情緒更加容易獲得社會認同，因此，多數的正面評論有利於旅遊目的地在進行目的地品牌化的過程中獲得更多的「品牌認同」。葡萄牙各熱門城市關注度平均值約為 27.3%；滿意度平均值為 89.9%。結合關注度和滿意度的最大值及最小值，確定 ASA 模型四象限的各點，基於八個熱門城市的滿意度和關注度將各城市定位在四象限的位置，根據「關注度－滿意度分析（ASA）」模型（見圖 3-4），繪製葡萄牙遊客的 ASA 四象限圖（見圖 3-5）。

關注度（Attention rate）

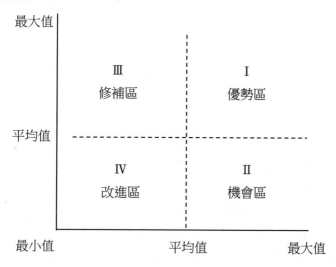

🎧 圖 3-4：關注度－滿意度分析（ASA）模型

資料來源：龔箭、楊舒悅（2018）

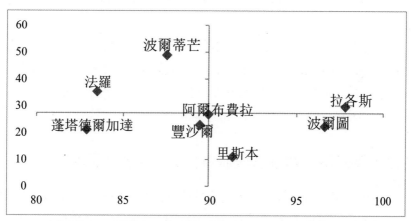

🎧 圖 3-5：葡萄牙八個熱門城市 ASA 分析象限圖

資料來源：作者整理繪製

　　優勢區 I：在葡萄牙的八個熱門城市中，拉各斯（Lagos）的景點處於四象限中的第一象限，即優勢區，其關注度和滿意度都分別高於平均值，在葡萄牙八個熱門城市當中占據著競爭優勢的地位。儘管拉各斯的景點占據了非常大的競爭優勢，但這並不意味著不存在威脅。

　　機會區 II：由低於平均值的關注度和高於平均值的滿意度，葡萄牙的里斯本（Lisboa）、波爾圖（Porto）和阿爾布費拉（Albufeira）的熱門景點均位於模型中的機會區，里斯本和波爾圖都是葡萄牙的知名城市，作為葡萄牙的地標，這兩座城市的景點得到的遊客滿意度較高，但是分析結果指出，旅客對少數的熱門景點投入更加多的關注。這兩座城市的景點所獲得的關注度顯然是不夠高的。作為美麗的海邊城市，阿爾布費拉獲得的遊客關注度也不高。

　　修補區 III：根據 ASA 分析象限圖，法羅（Faro）和波爾蒂芒（Portimão）兩個熱門城市的景點位於修補區，原因是較高的關注度和與之不相匹配的較低的滿意度。進一步對這兩個城市的景點進行分析後，發現它們的關注度比處於優勢區 I 的拉各斯的景點高，其中，波爾蒂芒的關注度是在八個熱門城市中最高的，達到了 48.9%。極高的關注度是兩大熱門城市景點的一大優勢，但較低的滿意度則又成為了它們的劣勢。

　　改進區 IV：位於改進區的兩個城市景點－蓬塔德爾加達（Delgada）和豐沙爾（Funchal），其網絡關注度和遊客滿意度都低於平均值，這兩個城市景點均需要加大宣傳力度以增加景區的知名度，還需要進一步提升景點的服務品質等，進而提高遊客的滿意度。

（三）滿意度、關注度與旅遊目的地形象之關係

　　根據上述對遊客滿意度和旅遊目的地之間的關係，遊客對於旅遊目的地的滿意度對他們再次選擇該旅遊目的地作為旅遊活動的地區，以及對外宣傳都產生著重要的影響；另外，在大數據時代下，葡萄牙政府一直在當地推動數字化轉型，提升葡萄牙的資訊技術水準，並推出了「工業 4.0」數字化產業發展戰略，培養國家技術型人才。近年來互聯網的普

及、電子商務的流行以及新媒體的崛起，無一不是在資訊技術的支撐下，順應著時代的潮流進行產業的轉型升級。而在旅遊產業中實現數字化乃大勢所趨，旅遊產業已經從過去必須到實體化的旅行社報名繳費參與旅遊活動，逐漸演變成今日在家就能隨時預定旅遊目的地的航班、酒店等的旅遊智慧化。過去，遊客只能從少數渠道中得知旅遊目的地的資訊，而現今，只要登入互聯網上的智慧旅遊平台就能看到來自世界各地遊客對於旅遊目的地的網絡評價，這些網絡評價會為旅遊目的地帶來一定的網絡關注度，而網評中遊客所體現的滿意度則會影響人們對旅遊目的地的看法與態度。因此，遊客滿意度和關注度兩者是相輔相成，密不可分的，兩者共同影響著旅遊目的地的形象。旅遊目的地的高關注度和滿意度都有利於提升遊客心中對目的地的品牌認同，增加對目的地的品牌忠誠度，推動旅遊目的地形象的正面建立，以及加大對旅遊目的地的宣傳策略，促進目的地形象和目的地品牌化的提升。

（四）互聯網時代下旅遊目的地形象的優化路徑

從互聯網時代的背景出發，基於新媒體的網絡口碑傳播的前提下，根據「關注度－滿意度」模型定位的葡萄牙城市景點分析結果，對葡萄牙旅遊目的地的關注度和滿意度提出可行性的優化措施。

優勢區 I：根據上文提及目的地品牌演化的四個階段並且結合拉各斯（Lagos）的情況，分析出拉各斯的景點在關注度和滿意度達到高峰後，其銷售的增長點會逐漸放緩。為了避免快速進入衰退期的情況出現，景區可以在繼續保持熱度和關注度的同時，開發更多尚未開發的景區，如過去主打城市遊覽的計畫，可以轉向主打鄉村的旅遊計畫。參照里斯本（Lisboa）的熱門戶外活動私人之旅可以增加旅遊目的地的吸引力，利用新媒體的網絡營銷，鼓勵知名旅遊專家或網絡名人對旅遊目的地的宣傳，減緩目的地品牌向衰退期的演化。

機會區 II：利用網絡渠道對旅遊目的地進行有效的宣傳，對於提升目的地的關注度是必要的。景區可以利用新媒體的優勢，再結合其自身的地理環境、地區文化等生產內容，在智慧旅遊平臺上除可以用攝影、

遊記等方式記錄旅遊目的地外，還可以充分利用社交媒體進行線上線下的話題互動，運用話題營銷，在 Facebook、Instagram、YouTube 等渠道上發布宣傳資訊，採集遊客的優質評價和旅遊攻略，做成有關旅遊目的地的遊覽合集，為景區帶來更多的流量和關注度。在大數據時代下，對於旅遊目的地的形象和品牌的宣傳，必須要重視網絡口碑的宣傳方式，對於關注度不高的城市，可以採用網絡口碑的營銷手段，以自媒體作為媒介，製造病毒式營銷，用口口相傳的方式進行目的地推廣，提升遊客的關注度。進行網絡口碑營銷的首要基礎是建立目的地品牌的知名度，利用互聯網渠道建立正面的目的地形象，分析遊客群體的消費特徵，把不同類型的遊客進行分類，並對不同類型的遊客進行個性化的定制推廣宣傳服務，為旅遊目的地的不同群體打造個性化的網絡宣傳策略，通過自媒體將正面的旅遊目的地相關信息傳遞給遊客。此外，邀請知名旅遊網評者為旅遊目的地做宣傳，通過明星帶來的光環效應使內容營銷的網絡口碑營銷手段，得到最大限度的利用，提升旅遊目的地品牌的關注度和知名度。將品牌效應轉化為遊客的消費行為。最後，建立網絡營銷團隊，旅遊企業可以結合目的地特點，培養相關營銷員工和業務人員，從景區的優點出發，依靠強大專業的網絡營銷團隊，制定和實施優質的網絡營銷策略。

修補區 III：影響遊客滿意度最關鍵的因素是旅遊期望差異，其次是旅遊環境氣氛。旅遊資源的概況是激發遊客出遊慾望的關鍵性因素，旅遊地的基礎設施也是重要的一環，最後是旅遊地的服務管理。對於在修補區的這兩個城市景點，首要的是結合當地讓遊客不滿的實際情況進行具體的改進。根據遊客對法羅（Faro）景點的負面評價，發現令遊客感到不滿的主要原因是該景區缺乏便於遊客查閱的地圖，沒有詳盡的地圖，甚至在地圖導航軟件上，該景點的旅遊路線也不盡完善，因而對該景點要進行的是對地圖、路標等的完善建設；其次，實現景區的智慧化，特別是地理資訊智慧化，對傳統的地理資訊平面媒介轉型升級，建立具有互動性的、多維的地理資訊交互系統，提升遊客對景區的滿意度。

再者，據遊客對於波爾蒂芒（Portimão）的負面評價，其遊客滿意度較低是由多項因素造成的，其中最大的問題是景區治安和衛生問題。景區存在居民對遊客進行盜竊等不良社會風氣，建議景區若是要進一步發展旅遊產業，首先當地政府要把該地區的社會治安加強完善。其次，衛生問題也需要進行改善，景區在設置垃圾桶時應考慮相鄰垃圾桶之間的最佳距離，避免出現遊客無法找到垃圾桶的情況；加大宣傳垃圾分類，鼓勵當地居民嚴格遵守垃圾分類的規範，做好垃圾回收和處理工作，美化社會環境。旅遊服務品質是波爾蒂芒景區的第二大導致遊客不滿的原因，到達景點參與旅遊活動的遊客並沒有得到期望中的旅遊服務品質，這都會導致人們對該景區產生負面的印象，通過網絡口碑的傳播和宣傳，將對該城市的景區產生旅客減少的負面影響。該景點有必要加強旅遊目的地的服務品質，鼓勵當地服務企業對旗下的員工進行培訓，制定服務標準制度，提升員工的服務態度，對當地的劣質酒店進行管理整治，定期檢查和監督酒店、餐飲的衛生和服務狀況，力求改變人們對波爾蒂芒景點負面的刻板印象。

改進區 IV：對於位在改進區城市景點的實際情況，如何吸引遊客前往景區是首要解決的問題，提升景點的關注度，除了可以利用傳統的媒體，如報紙、雜誌、電視節目等的宣傳方式，還可以利用新媒體的方式提高景區的網絡關注度，與機會區的宣傳方法類似，採用網絡口碑等的方法提升景區的知名度，有利於讓更多的遊客了解蓬塔德爾加達（Delgada）和豐沙爾（Funchal）這兩個城市的景區，同時也要發展景點的服務品質、衛生狀況、資訊系統的更新等，實現景區智慧化，保證在提升遊客關注度的同時，得到與之相對應的滿意度。以此建立和提高葡萄牙目的地的正面形象。

五、結　語

經過前述的分析與驗證，本研究可歸納出以下結論，茲列出如下：

（一）研究結論與發現

　　本文利用網絡爬蟲技術（Python）對全球性智慧旅遊平台－「Tripadvisor（貓途鷹）」上的遊客旅評進行採集分析，發現國際遊客的網絡評價與葡萄牙對外形象的品牌化是具有相關關係的。首先，葡萄牙旅遊目的地的景點和戶外活動是能夠產生相互聯想的，且聯想是正面的，這種聯想有利於推動目的地品牌形象的建立，從而促進葡萄牙正面目的地品牌的建設。另外，通過對數據進行整理分析，發現遊客對葡萄牙旅遊目的地的整體滿意度較高，其中正面評價的頻率更是遠高於負面評價的頻率。這側面反映了對旅遊目的地滿意的旅客更願意對目的地進行口碑／網絡口碑宣傳，對研究假設進行了驗證，遊客的滿意度對口碑／網絡口碑具有正面作用，正面評價和滿意度之間的相互作用同時也驗證了口碑／網絡口碑對旅遊目的地形象產生正向作用的假設。因此，證實了遊客的滿意度對旅遊目的地形象的正向作用。

　　數據分析還發現，發布正面的旅遊評價的遊客在數量上遠高於發表負面評價的遊客，即在旅遊目的地獲得良好體驗的旅客會對目的地感到更滿意，驗證了目的地體驗對遊客滿意度產生正面作用的假設。由於旅遊的目的地體驗和滿意度緊密聯繫，同時驗證了目的地體驗對旅遊目的地的正向作用的假設，遊客對目的地的體驗和滿意度促使他們對旅遊目的地進行口碑／網絡口碑宣傳，口碑／網絡口碑對旅遊目的地的正面形象宣傳為目的地品牌的建立產生了正向作用。目的地形象在遊客體驗、滿意度和口碑宣傳的作用之下，推動了旅遊目的地品牌的建立。從 IPA 模型中分析發現，遊客對於葡萄牙旅遊目的地形象的感知和滿意度會影響他們對目的地的口碑，口碑／網路口碑在旅遊平臺上宣傳的範圍是世界性的，這將對葡萄牙的國家形象產生一定的影響，進一步證明瞭葡萄牙正面目的地形象的構建對國家形象所產生的正向作用。

　　綜上所述，由於口碑／網路口碑分別與目的地形象和國家形象存在聯繫，遊客對葡萄牙旅遊目的地的滿意與不滿都會影響到葡萄牙目的地品牌和國家品牌的建立，而對作為國家品牌的組成要素之一的國家形象

進行正面推廣有利於構建葡萄牙國際形象品牌化，打造具有特色的、良好的國家品牌。葡萄牙政府對旅遊產業的發展積極推動了葡萄牙對其旅遊目的地形象的構建，葡萄牙對各個景區的旅遊建設，在對葡萄牙的正面形象建設的過程中，遊客對葡萄牙的城市景點的整體網絡關注度和滿意度都較高，遊客在體驗到較好的旅遊服務後，對目的地產生品牌認同，這都利於葡萄牙國家品牌的建立，儘管個別城市的景點存在關注度或者滿意度方面的不足。根據相關文獻，遊客的關注度和滿意度，尤其是較低的滿意度，即負面評價，對於目的地品牌形象的影響較大，因此，旅遊企業對於遊客的負面評價必須重視，相信在對網絡評價進行深度分析並對實際不足進行改善後葡萄牙的整體目的地形象會得到更大的提升。

（二）後續建議

對於旅遊產業的可持續發展，需要的是不斷地與時俱進，推陳出新，結合時代的特點，本節提出以下對葡萄牙旅遊產業相關研究的後續建議：

分析模型並不是唯一的，因此，建議後續相關的研究可以採用多種不同的研究模型對相關數據進行分析探究，以不同的角度，力求對現象進行更深層次的分析研究。再者，本文主要針對遊客的正面評價和負面評價對遊客的網絡關注度和滿意度進行分析，過往研究者對於中性評價也有進行相關的探究，後續研究建議可以探究旅遊者的中性評價對旅遊目的地形象的影響。

後續研究可以基於資訊技術的角度，探討智慧旅遊的出現、演變和發展，將創新帶入葡萄牙旅遊目的地形象的構建，找尋推動以葡萄牙作為目的地的智慧旅遊發展途徑，通過對目的地進行推廣宣傳，推動葡萄牙國家品牌化，利用與時俱進的差異化戰略實現葡萄牙旅遊業的創新，打造可持續的智慧旅遊產業的未來。通過對葡萄牙智慧旅遊的發展探究，了解智慧旅遊對葡萄牙構建國際旅遊目的地形象的作用，探索葡萄牙構建國際旅遊目的地形象對葡萄牙國家品牌化的作用。從國家、企業

和社會群眾出發，針對葡萄牙的資訊技術、電子商務和智慧旅遊的現狀進行分析，為葡萄牙國家品牌化策略提出優化和調整方案，推動傳統旅遊業向智慧旅遊新業態的轉型發展。

✑ 參考文獻

龔箭、楊舒悅（2018）。基於網絡評論的旅遊目的地評價研究－以我國 31 個省市自治區為例。華中師範大學學報（自然科學版），52(2)，279-286。

李儒俊（2015）。新媒體廣告傳播策略探究。傳媒，14，63-64。

梅文慧、王歷晴 (2017)。社交媒體時代旅遊目的地的品牌傳播研究。今傳媒，25(3)，14-15。

桑穎（2009）。論國際旅遊與國家形象的塑造。東南亞縱橫，9，101-105。

吳雪飛（2010）。旅遊目的地形象、網路口碑與顧客忠誠的關係。瀋陽師範大學學報（社會科學版），34(4)，37-40。

Arndt, J. (1967). Role of Product-related Conversations in the Diffusion of a New Product. *Journal of Marketing Research*, 4(3), 291-295.

Agarwal, S. & Sikri, S. (1996). Country image: Consumer evaluation of product category extensions. *International Marketing Review*, 13(4), 23-39.

Alvarez, M. D. & Campo, S. (2014). The influence of political conflicts on country image and intention to visit: A study of Israel's image. *Tourism Management*, 40, 70-78.

Bilkey, W. J. & Nes, E. (1982). Country-of-origin effects on product evaluations. *Journal of International Business Studies*, 13(1), 89-99.

Chakrabarti, S., Van Den Berg, M. & Dom, B. (1999). Focused crawling: a new approach to topic-specific Web resource discovery. *Computer Networks*, 31(11-16), 1623.

Cracolici, M. F. & Nijkamp, P. (2009). The attractiveness and competitiveness of tourist destinations. *Tourism Management*, 30(3), 336-344.

Chagas, M. D., Sampaio, L. M. B. & Santos, K. E. B. (2013). Análise da influência da imagem de destinos na satisfação e fidelidade a destinações de turismo de sol e praia: um estudo em Natal/RN. *Revista Brasileira de Pesquisa Em Turismo*, 7(2), 296-316.

Chen, C. F. & Tsai, D. (2007). How destination image and evaluative factors affect behavioral intentions? *Tourism Management*, 28, 1115-1122.

Chen, J. S. (2001). A case study of Korean outbound travelers' destination images by using correspondence analysis. *Tourism Management*, 22, 345-350.

Choi, S., Lehto, X. Y. & Morrison, A. M. (2007). Destination image representation on the Web: Content analysis of Macau travel related websites. *Tourism Management*, 28, 118-129.

Crompton, J. L. (1979). An assessment of the image of Mexico as a vacation destination and the influence of geographical location upon that image. *Journal of Travel Research*, 17(4), 18-23.

Echtner, C. M. & Ritchie, J. R. B. (1993). The measurement of destination image: An empirical assessment. *Journal of Travel Research*, 31(4), 3-13.

Echtner, C. M. & Ritchie, J. R. B. (2003). The meaning and measurement of destination image. *Journal of Tourism Studies*, 14(1), 37-48.

Ehemann, J. (1977). What kind of place is Ireland: An image perceived through the American media. *Journal of Travel Research*, 16(2), 28-30.

Fandom (2019). *Portugal*. Retrieved from: https://prepaid-data-sim-card.fandom.com/ wiki/Portugal

Gallarza, M. G., Saura, I. G. & Garcia, H. C. (2002). Destination image: Towards a conceptual framework. *Annals of Tourism Research*, 29, 56-78.

Gartner, W. C. (1994). Image formation process. *Journal of Travel & Tourism Marketing*, 2(2/3), 191-216.

Gertner, D. & Kotler, P. (2004). How can a place correct a negative image? *Place Branding*, 1, 50-57.

Hosany, S., Ekinci, Y. & Uysal, M. (2006). Destination image and destination personality: An application of branding theories to tourism places. *Journal of Business Research*, 59, 638-642.

Hunt, J. D. (1975). Image as a factor in tourism development. *Journal of Travel Research*, 13(3), 1-7.

Jalilvand, M. R. & Samiei, N. (2012). The effect of electronic word of mouth on brand image and purchase intention: An empirical study in the automobile industry in Iran. *Marketing Intelligence & Planning*, 30, 460-476. Doi: 10.1108/02634501211231946.

Katz, D. & Braly, K. (1933). Racial stereotypes of one hundred college students. *Journal of Abnormal and Social Psychology*, 28, 280-290.

King, C., Chen, N. & Funk, D. C. (2015). Exploring destination image decay: A study of sport tourists' destination image change after event participation. *Journal of Hospitality & Tourism Research*, 39, 3-31.

Klingberg, F. L. (1941). Studies in measurement of the relations among sovereign states. *Psychometrika*, 6, 335-352.

Konecnik, M. & Gartner, W. C. (2007). Customer-based brand equity for a destination. *Annals of Tourism Research*, 34, 400-421.

Kotler, P., Haider, D. H. & Rein, I. (1993). *Marketing places: Attracting investment, industry, and tourism to cities, states, and nations.* New York, NY: Maxwell Macmillan International.

Laroche, M., Papadopoulos, N., Heslop, L. A. & Mourali, M. (2005). The influence of country image structure on consumer evaluations of foreign products. *International Marketing Review*, 22, 96-115.

Lee, C. K., Lee, Y. K., & Lee, B. (2005). Korea's destination image formed by the 2002 World Cup. *Annals of Tourism Research*, 32, 839-858.

Lee, R. & Lockshin, L. (2012). Reverse country-of-origin effects of product perceptions on destination image. *Journal of Travel Research*, 51, 502-511.

Lu, H., Zhan, D., Zhou, L. & He, D. (2016). An Improved Focused Crawler: Using Web Page Classification and Link Priority Evaluation. *Mathematical Problems in Engineering*, 2016, 10.

MacKay, K. J. & Couldwell, C. M. (2004). Using visitor-employed photography to investigate destination image. *Journal of Travel Research*, 42, 390-396.

Mossberg, L. & Kleppe, I. A. (2005). Country and destination image-Different or similar image concepts? *Service Industries Journal*, 25(4), 493-503. Doi:10.1080/02642060500092147

Nadeau, J., Heslop, L., O'Reilly, N. & Luk, P. (2008). Destination in a country image context. *Annals of Tourism Research*, 35, 84-106.

Nagashima, A. (1970). A comparison of Japanese and US attitudes toward foreign products. *Journal of Marketing*, 34(1), 68-74.

Nuseir, M. (2019). The impact of electronic word of mouth (e-WOM) on the online purchase intention of consumers in the Islamic countries- a case of (UAE). *Journal of Islamic Marketing*, Vol. 10 No. 3, 759-767. Doi: 10.1108/JIMA-03-2018-0059.

O'Leary, S. & Deegan, J. (2005). Ireland's image as a tourism destination in France: Attribute importance and performance. *Journal of Travel Research*, 43, 247-256.

Page, S. J. & Connell, J. (2009). *Tourism: A Modern Synthesis* (3rd ed.). Hampshire, UK: Cengage Learning EMEA. 406.

Papadimitriou, D., Kaplanidou, K. K. & Apostolopoulou, A. (2015). Destination image components and word-of-mouth intentions in urban tourism: A multigroup approach. *Journal of Hospitality & Tourism Research*. Advance online publication. Doi: 10.1177/1096348015584443.

Papadopoulos, N. & Heslop, L. (eds.) (2014). *Product-country images: Impact and role in international marketing*. London, England: Routledge.

Pike, S. (2002). Destination image analysis: A review of 142 papers from 1973 to 2000. *Tourism Management*, 23, 541-549.

Pike, S. & Ryan, C. (2004). Destination positioning analysis through a comparison of cognitive, affective, and conative perceptions. *Journal of Travel Research*, 42, 333-342.

Prebensen, N. K. (2007). Exploring tourists' images of a distant destination. *Tourism Management*, 28, 747-756.

Richins, M. L. (1983). Negative Word-of-Mouth by Dissatisfied Consumers: A Pilot Study. *Journal of Marketing*, 47(1), 68-78.

Roodurmun, J. & Juwaheer, T. D. (2010). *Influence of trust on destination loyalty-An empirical analysis- The discussion of the research approach. International Research Symposium in Service Management*. Retrieved from http://web.uom.ac.mu/sites/irssm/papers/Roodurmum%20&%20Juwaheer(b)%20-%2058.pdf

Statista (2020). *Travel and tourism in Portugal-statistics & facts*. Retrieved from:

https://www.statista.com/topics/6863/travel-and-tourism-in-portugal/

Stauss, B. (1997). Global Word of Mouth: Service Bashing on The Internet is a Thorny Issue. *Marketing Management*, 19.

Stepchenkova, S. & Morrison, A. M. (2008). Russia's destination image among American pleasure travelers: Revisiting Echtner and Ritchie. *Tourism Management*, 29, 548-560.

Tasci, A. D., Gartner, W. C. & Cavusgil, S. T. (2007). Conceptualization and operationalization of destination image. *Journal of Hospitality & Tourism Research*, 31, 194-223.

Zhang, J., Wu, B., Morrison, A. M., Tseng, C. & Chen, Y. (2018). How Country Image Affects Tourists' Destination Evaluations: A Moderated Mediation Approach. *Journal of Hospitality & Tourism Research*, 42(6), 904-930.

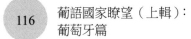

目的地形象與旅遊行為間之關係：基於訪葡萄牙華人遊客的實證研究

Destination Image and Travel Behavior: An Empirical Study of Chinese Visitors to Portugal

柳嘉信、宋芳如、宋熹霞

Eusebio C. Leou, Fangru Song, Xixia Song

本章提要

　　旅遊已經成爲當今「地球村」居民的基本生活內容之一。旅遊時代通過人群頻繁的全球流動，旅客通過跨境旅遊活動認識其他國家並建立對目的地國家的形象。本文通過實證研究途徑，對於旅遊前、中、後三個不同階段，遊客在目的地國家形象、旅遊動機及決策、感知、重遊意願、口碑評價層面的反饋進行觀察並對其間關聯性進行探討。本文選取到訪葡萄牙的華人旅客爲研究樣本，通過對訪談方式所收取的逐字稿進行主題分析後發現，由於客觀現實距離遙遠，且缺乏充分且正確的信息來源下，華人遊客行前對葡萄牙的印象觀感往往較趨片面及負面評價，也對遊客選擇目的國的出行動機決策產生影響。通過旅行中實際體驗，因陌生感消弭而使得遊客對目的國葡萄牙的形象和觀感與行前印象出現較大差距，說明旅遊過程中的感知體驗能促進遊客對於目的國形象的形塑；同時，在旅程中遊客的感知體驗一方面會影響其重遊葡萄牙的意願，另一方面亦會有助於對目的國口碑評價的形成。本文調查發現，華人遊客在造訪葡萄牙之後，對於葡萄牙的形象和感知評價大致會較行前更趨於正面；受訪對象一致性表達再次重遊葡萄牙的意願，亦有較高意願向他人推薦葡萄牙這個目的國，顯示在旅遊過程當中，遊客對於葡萄牙的認知、感知保持較高的興趣和滿意度。

關鍵詞：目的地形象、旅遊動機、旅遊感知形象、旅遊決策、口碑評價

Abstract

　　Tourism has become the basic life content of people in the "global village". In the tourism era, through the frequent global flow of people, tourists get to know other countries through cross-border tourism activities and establish the image of destination countries. Through the empirical research approach, this chapter observes the feedback of visitors in the aspects of destination country image, tourism motivation and decision-making, perception, revisit intention, and word-of-mouth, in the scenario during pre-visit, onsite-visit, and post-visit stage. In this study, Chinese and overseas Chinese visitors who have visited Portugal had been chosen as the research group, in order to explore the relevance of the changes of visitors. After thematic analysis of the verbatim transcripts collected through semi-structured interviews, it is found that due to the distance between objective reality and the lack of adequate and correct information sources, Chinese tourists tend to have one-sided or negative comments on Portugal before their journey, which also has an impact on travel motivation decisions of tourists' when choosing destination countries. Through the actual experience during the trip, the destination image and perception of Portugal from tourists are quite different from the impression before the trip due to the elimination of strangeness, which indicates that the perception experience during the trip can promote the destination image of the country from tourists; At the same time, tourists' perception experience during the trip will affect their willingness to visit Portugal again on the one hand, and contribute to the formation of word-of-mouth evaluation of the destination country on the other hand. The survey finds that after visiting Portugal, Chinese tourists tend to have a more positive image and perception of Portugal than before; The interviewees consistently expressed their intention to visit Portugal again, and they also had a high willingness recommend Portugal as a destination country to others, which showed that tourists maintained high interest and satisfaction in Portugal's cognition and perception during the tourism process, it shows that tourists maintain high interest and satisfaction in cognition and perception of Portugal during tourism.

Key Words: Destination Image, Travel Motivation, Tourism Apperceiving Image, Tourism Decision Making, Word-of-mouth, Portugal

一、前　言

　　跨境的旅遊活動可謂是一種跨文化交際概念落實到人類消費行為的最佳體現。旅遊行為活動在進行的過程當中，作為行為者的遊客主動跨越了地理、政治、文化上的疆界，使得行為者得以從物理意義上離開自身文化的範圍，進入與自身文化背景迥異的旅遊目的地，進而與當地文化產生了互動行為。這種將行為者（遊客）從一個慣常的環境轉移至一處陌生的環境後再轉回慣常環境的過程，能夠引發個人對於生活或自我認知上產生新的想法和可能性，有學者稱之為是一種「閾限體驗（threshold experience）」（Hall & Lew, 2009）。而旅遊遊程商品的設計與開發，更多時候可以視為是一種有組織性、計畫性的跨文化交際活動；旅遊消費者得以透過選擇此類型的旅遊消費，得以從中獲得跨文化交際的親身經歷。從二十世紀開始盛行的大眾旅遊活動，帶領全球人類開始進入跨文化交際普及化的新階段；時至今日，全球時興的旅遊潮流和蓬勃發展的旅遊經濟，使得隨著跨境旅遊盛行而來的跨文化交際，成為一種全球性的發展。旅遊行為引發不同文化背景下人們與社會之間在文化層面上的廣泛接觸，也為接觸的雙方帶來了較過去更為深遠的影響。

　　另一方面，旅遊業是一個以點帶面帶動經濟繁榮的產業，能對多方領域產生影響，它不僅會影響經濟領域，對社會、政治、文化等方面均有著深遠的影響，更被視為是一個隱藏、看不見的進出口產業，旅遊產業的利益相關者或多或少都在有意或無意間推動一個國家的旅遊出口經濟（Raspor, Stranjančević, Bulatović & DarkoLacmanović, 2017; Kuri, Islam & Ananya, 2020）。同時，每年有超過數十億的遊客在世界各地旅遊，遊客通過旅遊活動，從個人旅遊過程中的親身經歷和所見所聞，從外國人的身分打造了對於目的地國家的評價和形象；這種從遊客親身見聞所形成的外國輿論，或許會比起職業外交官員所努力塑造一個國家的外國輿論，更來得讓人容易信服。隨著旅遊活動越來越普及，跨境旅遊行為也

成為了一種普遍性的現象，人民透過跨境旅遊行為，藉以了解其他國家或地區的風土民情。

　　旅遊是一個包含了遊前、遊中、遊後的一個整體化的過程（Chen & Tsai, 2007）。在旅遊行前階段，旅遊者選擇旅遊目的地時，目的國及其旅遊目的地的形象是影響選擇的一個基本因素（Tham, Croy & Mair, 2013）；在旅遊過程當中，遊客可以透過本身的真實體驗，建立對於目的地的形象；在旅遊過後階段，遊客則可能根據先前階段所生成的目的地形象，形成口碑評價，進而通過傳播途徑影響到其他遊客，或者影響自身舊地重遊的意願（Gartner, 1994）。跨境遊客在目的國從事旅遊行為的過程當中，基於旅遊行為前、中、後期不同階段所產生的不同感受，最終可能建構出對於目的地國家截然不同的國家形象；而這樣來自普羅大眾層面「民心相通」的聯繫，甚或可能超越在國家、政府層面之間的政治性關係。因此，許多國家將其資源和服務投入到旅遊業中，以塑造一個國家的積極國際形象。

　　葡萄牙與中國雖然分居歐亞大陸最遙遠的東、西兩端，然而隨著十五世紀開始由葡萄牙、西班牙掀起的「大航海活動」，在許多的歷史文獻中都留下了雙方許多的交流紀錄；在過去明帝國時期所記載了許多與「佛朗機（明朝對葡萄牙的舊稱）」的交流記錄（湯開建，1999），以及葡萄牙人在澳門數個世紀以來的活動歷史，便是雙方關係歷史起源甚早的明證。時至今日，雖然相較於其他歐洲目的地而言，地處歐洲大陸極西南隅的葡萄牙對於亞洲遊客而言仍相對較遠，但隨著全球交通技術的發達，葡萄牙和亞洲之間已經不再是過去那個需要漫長海上航行才能抵達的彼岸。通過高性能的航機與成熟的航空交通，大大縮短了兩地之間往來的交通時間，旅行的舒適度也相對提高，使得亞洲遊客造訪葡萄牙的可行性大幅提高；越來越多的亞洲遊客開始對於這個遙遠的西南歐國度產生興趣，造訪葡萄牙的亞洲遊客也與日俱增。

　　旅遊學科的範疇下，對於目的地形象、旅遊行為、旅遊決策等方面已經有諸多的探討。然而，跨境旅遊行為與旅遊目的國之間的探討，除了從傳統的旅遊學科視角進行，亦值得從區域暨國別研究的觀點，探討跨國旅遊行為和旅行目的國形象之間的關係。本文嘗試將國際關係學與

旅遊學結合，將不同學科研究物件融入單一學科既有成果的框架中進行研究，以期能拓寬單一學科的研究視角。基於國際關係學科當中對於國家形象、國家品牌化方面現有的研究為基礎，並結合旅遊學科當中，對於旅遊行為學當中有關旅遊目的地形象（Tourism Destination Image, TDI）、旅遊動機與決策、遊客感知及口碑評價等方面既有的成熟研究成果，運用質性分析的研究方法，透過深度訪談的實證研究方式，針對曾經到訪葡萄牙的華人遊客為案例對象，採集遊客的第一手數據進行分析，藉此了解出國旅遊行為所建構出旅遊目的國家的國家形象為何，並進一步解釋目的國國家形象與旅遊行為之間可能存在的關聯性。

二、理論文獻探討

（一）目的地形象與國家形象

　　旅遊目的地形象（TDI）的研究初見於 1970 年代，美國學者 Hunt 將目的地形象定義為由於某人受到外部世界（如公眾媒介和報導）對於非居住地（即不熟悉的地方）的描述而產生的印象（Hunt, 1975）。從旅遊研究的觀點，目的地的形象大抵可以定義為旅遊者對目的地所產生的知識、信念、想像、印象、情感思想和期望的表達（Lawson & Bond-Bovy, 1977; Crompton, 1979）。不同的學者定義旅遊目的地形象的角度，大多集中在三個方面：一是探討感知者是如何看待旅遊目的地，二是感知者對於旅遊目的地形象的接受度是怎樣影響其初始觀念以及決策行為，三是基於感知者心理活動的角度。旅遊者對於目的地形象的感知，會隨著「旅遊前」、「旅遊中」、「旅遊後」三種不同時期階段而改變，還會因為媒介資訊的變化、自身的旅遊體驗和經歷，產生不同的印象（Goodall, 1991）。目的地形象是對目的地可見的實物進行設計和規劃，如社區、道路、標誌等，從目的地的角度提出了設計性形象的概念，藉此尋找並探索出旅遊地的特色及核心資源，最終找出能充分展示旅遊地自然特徵以及歷史文化底蘊的形象理念來充分展示旅遊地，並在

遊客心目中留下深刻的印象（Walmsley & Young, 1998）。通過目的地形象的概念，可以更好地理解旅遊者選擇目的地的過程，總結出形象主要是由刺激因素和個人因素兩種主要力量引起或形成，由此構建出「認知－情感」模型，他們認為旅遊目的地形象是由認知／感知評價（Ceptual/Cognitive Evaluation）和情感評價（Affective Evaluation）共同決定（Baloglu & McCleary, 1999）。也有學者提出，旅遊者對旅遊目的地形象形成的過程中，旅遊目的地品牌化活動能夠發揮出積極的影響（Blain, Levy & Ritchi, 2005）。

國家形象（Country Image, CI）的概念來源於國際貿易和行銷學領域的原產國形象（Country-of-origin Image, COI；或 Product-Country Image, PCI），原產國形象定義為消費者對某一特定國家的產品所具有的印象和評價，包括原產國的產品形象及其整體形象（Pappu & Quester, 2010）。二十世紀 90 年代之後，國家形象研究成為傳播學、政治學、國際關係學、新聞學、社會心理學等多學科交叉研究的課題；也同時有學者從生產地、總部所在地在地方形象上所存在的共性，試圖對旅遊目的地形象與國家形象兩者之間進行串聯，探討兩者之間的共通點（Mossberg & Kleppe, 2005）。旅遊目的地形象和國家形象二者雖始源於不同的領域，但兩者的理論基礎都基於態度理論。De Lamater 及 Ward 在 2013 年出版的《Handbook of Social Psychology》一書中對態度進行的定義，是一種由行為推論的狀態，是個人在面對特定的物件時所作為的特定的反映的一種內在行為（De Lamater & Ward, 2013）。Rosenberg 和 Hovland 提出的「態度 ABC（Affecting-behavior-cognitive）三維度模型」則強調態度的形成是基於個體的情感（Affect）、行為傾向（Behavior Tendency），以及認知（Cognition）三者間相互作用的結果。情感是個體對某一態度對象所產生的感覺，行為傾向是個體對某一態度將要採取的行動意向、認知則是個體對某一態度對象帶有的信念。由於態度主體對態度物件的動機水準不同，三要素在態度形成過程中的重要性也不同。有學者將旅遊目的地與國家形象的共同點概括為多維度性、複雜性、相關及動態性（Beerli & Martin, 2004）。國家形象是旅遊者對該國家所持有的態度（Attitude），對某一國家的經濟、體制、國民特徵、國家關係、文化、

環境狀況與管理等方面的描述性、推斷性的信念總和（Zeugner-Roth & Diamantopoulos, 2009）。國家形象也和誘發遊客旅遊動機的態度有關（Nadeau, Heslop, O'Reilly & Luk, 2008）。

（二）旅遊行為與旅遊感知形象

美國學者 Ajzen & Fishbein（1975, 1980）共同提出「理性行為理論（Theory of Reasoned Action, TRA）」，作為理解人類行為及其心理過程的理論依據。隨後，Ajzen 又進一步研究發現，人的行為並非全然出於自願，個人行為意志可能因外在環境因素而影響到期可控制程度。為了更進一步對上述 TRA 理論缺點加以修正，Ajzen（1991）提出了「計畫行為理論」（Theory of Planned Behavior, TPB），彌補先前「理性行為理論」中的不足。Ajzen 認為所有可能影響人類個體行為的因素，在一定程度上都是由行為意向直接或是間接影響的；而行為意向又受到三個相關因素影響，一是源自於個體本身的態度（Attitude），態度是指一個人對某一行為的評價是正面的還是負面的，即個體對於某項特定的行為可能帶來的價值及結果的態度，許多研究證實了態度與行為意向之間的關係（Oskamp et al., 1991; Kelly et al., 2006; Ma, Hipel, Hanson, Cai & Liu, 2017）；二是源自於外在的主觀規範（Subjective Norm），主觀規範被描述為一個人感受到的社會壓力的程度，以執行或不執行的行為，即個體行為決策所感受到的社會壓力，許多研究將主觀規範作為研究回收行為的重要因素（Chu & Chiu, 2003; Echegary & Hansstein, 2016; Sidique et al., 2010）；三是源自於個人知覺對外在環境控制能力的知覺行為控制（Perceived Behavioral Control），知覺行為控制指的是執行行為時預期的容易或困難，它期望反映之前的經驗以及知覺的障礙和障礙，即個體對促進或阻礙行為效果因素的認知，在許多回收研究中知覺行為控制被使用（Chu & Chiu, 2003; Bezzina & Dimech, 2011; Valle et al., 2005）。上述三個因素之間相互影響著行為意向，反映了個人過去經驗和所預期的困境，進而決定行為是否產生。

　　學者基於計劃行為理論，對旅遊者的旅遊行為進行分析，推演出旅遊行為會受到旅客的態度所影響，遊客的態度會影響遊客的行為意向；同時，遊客的行為意向也會再影響遊客所表現出來的行為（Taylor & Todd, 1995）。旅遊行為是指個人以特定方式安排活動，複雜的旅遊行為源於複雜的計劃；旅遊行為是旅遊者對旅遊目的、旅遊目的地、旅遊季節、以及旅遊方式綜合評估後的結果（Recker, 1986）。狹義的旅遊行為局限於定義為旅遊者在旅遊地內具體的遊樂活動；而廣義的旅遊行為則涵蓋了旅遊者在旅遊過程中的空間移動、娛樂活動以及相關的生活行為（田利軍，2006）。旅遊者是否能實現旅遊活動，不僅取決於旅遊者個人的內在因素，往往還取決於多方面的條件因素。影響旅遊行為的主觀因素有旅遊者的旅遊動機和旅遊需求；因此，就旅遊需求的產生和實現旅遊活動的條件兩個維度來看，影響旅遊行為的客觀因素可分為兩部分：一是旅遊者自身的條件，包括旅遊者的收入水準和空閒時間等；二是旅遊目的的供給情況，其中包括旅遊產品、食宿、娛樂、交通等（李光宇，2008）。

　　在國際旅遊市場競爭中，旅遊目的地的行銷人員需要對在遊客心目中公認的旅遊形象和競爭對手旅遊目的地形象有透徹的了解（Echtner & Ritchie, 1993）。旅遊目的地營銷人員要拓展旅遊市場戰略定位，則應充分了解自身與競爭者各自的長處與短處（Ahmed, 1991）。拓展旅遊市場定位的戰略定位可從三個方面考慮：一是了解目標客源對旅遊目的地形象的感知，二是對比不同的旅遊目的地之間的感知形象，三是探究旅遊目的地感知形象的需求和差異（Javalgi & Thomas, 1992）。如果作為一個旅遊目的地自身沒有較為突出的、具有特色的感知形象，研究重點仍不放在行銷管理中，那麼旅遊者選擇該旅遊目的地的概率就會更小（Mayo, 1981）。

　　Gunn（1992）將旅遊感知形象分為原生形象和誘導形象。原生形象是指潛在旅行者在旅行前就已經形成了的旅遊感知形象，而誘導形象則是旅遊者實地旅遊之後對旅遊目的地形成的旅遊感知形象。在此基礎上，Fakeye 和 Crompton 將旅遊感知形象更進一步的劃分成了混合形象、原生形象和誘導形象這三種（Fakeye & Crompton, 1991）。二十世

紀 70 年代產生旅遊目的地形象的概念，研究內容為四個方面，分別是：目的地形象的形成機制、目的地形象的評價與測量、目的地形象的概念化及組成、目的地形象管理策略（Fakeye, 1991）。Gartner 認為，旅遊感知形象由認知形象、意動形象、情感形象三個部分組成，其中，認知形象是指旅遊者對某一已知的旅遊目的地所屬特性進行了解和評估後所產生的認知和印象；情感形象指旅行者對旅遊目的地的情感；意動形象是指旅遊者了解、分析與旅遊目的地相關資訊後，以此作為旅遊決策的參考依據，並從中選擇、決定一個合適的旅遊目的地（Gartner, 1986）。

綜合以上對旅遊行為和旅遊感知形象的綜述，旅行者產生旅行動機後，面對眾多的旅遊機會和旅遊產品，蒐集旅遊資訊，結合自己的旅遊偏好，選擇旅遊目的地、旅遊路線及旅遊方式的整個非常複雜的思維過程，受到旅遊者自身因素、社會環境因素等多方面的影響，這個過程後才產生旅遊行為。

（三）旅遊動機、旅遊決策與口碑評價

旅遊動機和旅遊行為是緊密聯繫在一起的（MacCannell, 1999）。旅行的原因可能取決於推動（內在）或拉動（外在）的因素和中間因素，推動因素對個人而言是無形的和固有的，引發人們的旅行欲望；拉動因素則是代表目的地的吸引力並有助於目的地的選擇；中間條件即閒暇時間、收入和交通條件（保繼剛，1999）。旅遊動機是一個多層結構的心理構建。人們到各地旅行以滿足不同的需求，同樣的旅遊產品可以提供多種用途並吸引相同旅遊動機的人，但個人在不同的時間，前往不同的目的地，與不同的同伴可能持有不同的動機（謝彥君，2004）。從一般的角度來看，動機是指個人為了滿足其需求採取某種行為。

旅遊決策是指旅遊者對旅遊行為的決策，即人們做出外出旅遊的決定。在不受其他因素影響的條件下，旅遊動機和旅遊需要直接導致人們做出旅遊決策，兩者之間有主觀內在的因果聯繫。旅遊需要與旅遊動機到旅遊行為之間同時也存在著許多客觀的影響因素，如距離、交通、時間、人文、安全等，不同的旅遊者也都受到不同的影響（鄭朝貴，

2009）。旅遊者在做出遊的決定所遵循的基本原則是最大效益原則，具
體來講就是在特定的條件下，旅遊者能在最大限度獲得放鬆與愉悅的感
受。最大效益原則主要體現在兩個方面，一方面是花費最小旅遊時間
比，另一方面是獲取最多資訊或是最高滿意度。其中旅遊時間比指的是
在一次旅遊的過程當中，旅遊者往返出發地所花的時間與在旅遊目的地
遊玩所花時間之比（李娟文，1999）。

　　人們由於自身選擇而旅行，並同時被目的地所吸引；這三個因素之間
存在著顯著的關係。旅遊消費者選擇旅遊目的地決策過程中，各個階段所
發生的行為，如圖 4-1 所示（Weaver & Lawton, 2010）：

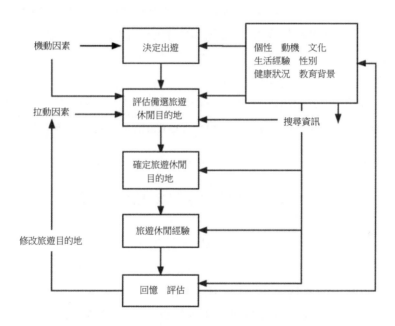

🔗 圖 4-1：旅遊休閒者選擇目的地的決策過程

資料來源：Weaver & Lawton（2010）

　　旅遊者對一旅遊地的評價及其個人因素在很大程度上會影響著旅遊
者的重遊意向（Ruyter & Bloemer, 1999）。旅遊產品是一種特殊的產
品，它與一般的實體產品不同，它是一種無形的、不可轉讓的且生產與
消費同時發生的產品（Murray, 1991; Litvin, Goldsmith & Pan, 2008）。由

於旅遊產品的特殊性，致使旅遊者在做出旅遊決策和旅遊行為之前，需要承擔更多不確定性的風險，因此，預先獲取旅遊產品的資訊對旅遊者的購買決策十分重要。現今，由於媒體資訊氾濫、浮誇不實等行為造成了諸多不正確的資訊，進而造成了媒體資訊的可信度低、削弱旅遊目的地對潛在旅遊者吸引力的現象（Filieri, Alguezaui & McLeay, 2015）。

　　根據旅遊目的地網路口碑信任影響因素的理論模型，傳播者的能力、正直的信念組成網路口碑的信任度；傳播者的專業化以及和蒐集資訊者蒐集的資訊相似程度對信任度有促進作用；傳播者和搜索者之間的信任度與互動性和口碑網路環境之間也有較大的關係（Roy Dholakia & Sternthal, 1977; Gilly et al., 1998）。旅遊景點的網路口碑資訊具有時效性、共用性、互動性等特點，這都決定了遊客在選擇景點時，產生的引導、成就和聚眾現象（Chu & Kim, 2011）。負面口碑資訊的強度、傳播者的專業能力以及收發資訊的關聯性都影響著旅遊者的旅遊決策，旅遊者的信任度在負面口碑與旅遊決策相互權衡的情況下起到了一個承接的作用（Bansal & Voyer, 2000; Laczniak, De Carlo & Ramaswami, 2001）。

三、葡萄牙的國際旅遊產業發展

　　隨著各國對外開放的不斷擴大，旅遊業在全球經濟的發展中扮演著越來越重要的作用。據世界旅遊組織（United Nations World Tourism Organization, UNWTO）統計，在 2019 年，旅遊業占全球生產總值（Gross Domestic Product, GDP）的 10.4%。旅遊產業是葡萄牙經濟活動中的核心成分及來源（Tomé, Gromova & Hatch, 2020）；進一步分析葡萄牙的旅遊資源和條件可以發現，地處歐洲大陸西南隅的葡萄牙，係由位居伊比利亞半島的大陸部分和分布於大西洋上的兩個群島部分所組成，包括了亞速爾群島（Açores）和馬德拉群島（Madeira）。由於大陸和島嶼兩大組成部分均擁有綿長的海岸線，使得葡萄牙在發展與海洋相關的旅遊經濟活動上具有其先天條件。綿延大西洋沿岸的海岸線和溫和的氣候使葡萄牙成為享受陽光、沙灘、高爾夫旅遊勝地。此外，截至

2022 年葡萄牙已有 17 個地方被列為世界遺產（UNESCO, 2021），亦顯示出葡萄牙在歷史、文化上具備一定條件的旅遊吸引力。近幾年，葡萄牙亦發展了如觀鳥、遠足、衝浪、鄉村旅遊等生態旅遊活動。

　　據葡萄牙國家統計局（Instituto Nacional de Estatística, INE）公布數據，旅遊業約占葡萄牙全國經濟的 10%（INE, 2020）。2010 年至 2019 年期間，葡萄牙國際入境遊客人數累計到達 14.66 億人次，年平均增長率達 5%；入境旅客人數在 2019 年達到峰值，2019 年葡萄牙的入境國際遊客帶來的旅遊收入達到 205 億美元，旅遊占葡萄牙總出口額 832 億美元的 23%。隨後受新冠疫情影響，葡萄牙旅遊業與經濟受到斷崖式下降。由此折射到遊客，2020 年上半年開始國際旅遊活動大幅停滯導致入境遊客減少，使得葡萄牙旅遊經濟在全國出口經濟的比例降至 5.5%。同時由圖表發現，葡萄牙旅遊人數和旅遊業收入基本呈高度正相關走勢（如圖 4-2）。新冠肺炎疫情的發生，不僅使國家的旅遊業受挫，也影響其經濟和就業。

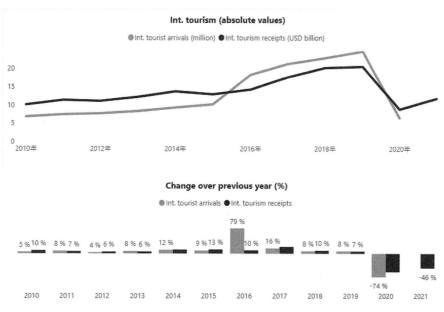

🎣 圖 4-2：葡萄牙遊客達到人數（2010-2021 年）

資料來源：UNWTO，https://www.unwto.orgcountry-profile-inbound-tourism

　　同時，2010 年至 2019 年期間，葡萄牙旅遊業呈指數型增長，2019
年到訪葡萄牙的入境遊客達到 2,460 萬人次，歐洲遊客是葡萄牙旅遊的
最主要來源，占葡萄牙入境遊客人數總比例的 72%（如圖 4-3）。

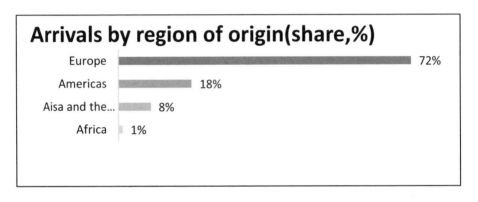

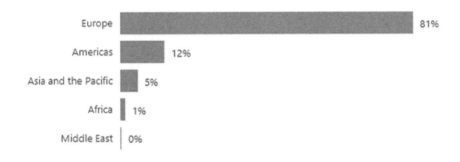

🔊 圖 4-3：按區域劃分來葡萄牙旅行人士（2019-2020 年）

資料來源：UNWTO，https://www.unwto.orgcountry-profile-inbound-tourism

　　葡萄牙在 2010 年至 2019 年的十年期間，國際入境遊客人數累積達
到 14.66 億人次，入境旅客的年平均增長率達 5%；其中客源地來自歐洲
的入境遊客人數累積達 7.46 億人次。在全球遭遇新冠疫情影響之前，
2019 年葡萄牙的入境國際遊客帶來的旅遊收入達到 205 億美元，旅遊占
葡萄牙總出口額 832 億美元的 23%。此外，2019 年到訪葡萄牙的入境遊
客達到 2,460 萬人次，其中客源地以歐洲國家為最大宗，占葡萄牙入境

遊客人數總比例的 72%；其中又以鄰國西班牙為葡萄牙入境旅客的最主要來源。相較之下，入境葡萄牙遊客客源地為亞太地區的人數占總比例 8%；客源地占比最低的區域為非洲，僅占 1%（如圖 4-3）。客源地來自歐洲以外各國的入境遊客人數和 2018 年相比增加了 8%（如圖 4-2）。

　　由於葡萄牙和歐洲有一定相似的文化同質性、旅遊通行距離較短等原因，促進客源地以歐洲國家為葡萄牙主要入境遊客的發生；但歐洲地區以外，尤其是亞洲國家遊客的增加可以打開葡萄牙旅遊業的市場。近十年來，亞太地區遊客呈增長態勢，遊客的增加刺激了該國作為旅遊目的地的發展。從圖 3 中可以更為直觀的看到這點，葡萄牙前十大客源地中有七個來自歐洲國家；2018 年來自中國的葡萄牙入境旅客有 324,900 萬人次（如圖 4-4），中國入境旅客在葡萄牙過夜人數較 2018 年增長 16.8%（如圖 4-5）。

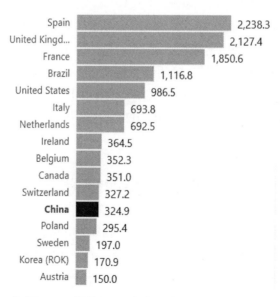

Top 10 source markets (in 1000)

Spain	2,238.3
United Kingd...	2,127.4
France	1,850.6
Brazil	1,116.8
United States	986.5
Italy	693.8
Netherlands	692.5
Ireland	364.5
Belgium	352.3
Canada	351.0
Switzerland	327.2
China	324.9
Poland	295.4
Sweden	197.0
Korea (ROK)	170.9
Austria	150.0

♫ 圖 4-4：葡萄牙 10 大客源市場（2019 年）

資料來源：UNWTO，https://www.unwto.orgtourism-flows-source-markets-and-destinations

China to Portugal

Arrivals of Tourists at All Types of Accommodation
Establishments
(in thousand)

200

0

2010年　　　　　　　2015年

圖 4-5：葡萄牙之中國客源市場成長趨勢（2018 年）

資料來源：UNWTO，https://www.unwto.orgtourism-flows-source-markets-and-destinations

　　葡萄牙國家統計局（Instituto Nacional de Estatística, INE）公布數據，旅遊業約占葡萄牙全國經濟的 10%，能夠提供了大量的工作機會（INE, 2020）。然而，自 2010 年以來葡萄牙國際遊客逐年減少，同時，由於新冠肺炎疫情全球性大流行，造成從 2020 年上半年起連續數年的旅行限制，影響了國際旅遊活動大幅停滯，國際遊客出現了最大幅度減少，也讓葡萄牙旅遊經濟在全國出口經濟的比例在 2020 年降至 5.5%（World Travel & Tourism Council, 2020）。

四、觀察與實證

　　Dey（1993）曾指出質性研究的資料到說明的質性分析過程，主要有三個步驟：描述、分類及連結。基於研究主題的性質並達成研究目的，本研究採取質性研究的方法來探討此主題，以深度訪談和訪談資料分析為研究方法進行資料的蒐集、討論和分析。希望透過多元的質性資料，蒐集旅行者的心路歷程和旅遊經驗，從所蒐集的數據當中，分析遊客在旅遊行為過程，會形成如何的旅遊目的地的形象建立，進而會對旅

遊目的地國家建立何種國家形象。本研究採用深度訪談法（in-depth
interview），主要利用受訪者與訪談者之間的口語交談，達到意見的交
換和建構。研究者可以通過訪談的過程所取得的內容，對受訪者的動
機、態度、想法進行分析，進而找出普通面對面方式訪談所無法獲得的
重要因素（畢恆達，1996；文崇一、楊國樞，2000）。深度訪談是以非
制式的開放式問題，圍繞著預先設定好的訪談主題進行提問，在不預設
制式化的問答模式的前提下，讓受訪對象能藉由自由發揮的交談發言，
表達其內心世界的真實感受和意見，藉此收取具參與意義的訪談數據；
此處所謂的參與意義，是指在社會環境中的個人，構思其世界的方式，
以及他們解釋生活中的重要事件或賦予意義的方式（王文科，2001；袁
方，2002）。這種研究方法是一種訪談者與受訪者雙方面對面的社會互
動過程，訪問資料也就是是社會互動的產物。

　　相較於華人旅客造訪機會較高、次數較為頻繁的目的地國家，葡萄
牙相對而言顯得是一個「小眾」的目的國，基於對此類小眾旅遊目的國
形象的好奇，也構成了本文研究的動機。本文是以到訪過葡萄牙的華人
遊客為研究對象，透過曾經到訪過葡萄牙的遊客進行深度訪談，並蒐集
訪談所得相關資料進行分析，藉此了解華人遊客通過實際的旅遊行為過
程，對於葡萄牙此一國家會建立何種觀感形象，進而對於旅遊行為與國
家形象之間的關聯性加以釐清。本文探討的問題大致包括以下幾點：

　　✎遊客在前往葡萄牙旅遊行前對該國的國家形象與觀感。
　　✎遊客選擇前往葡萄牙旅遊的動機決策。
　　✎遊客在訪葡萄牙旅遊過程當中所建立的國家形象和觀感。
　　✎遊客結束訪葡萄牙旅程後所形成對該國的形象與評價，相較於行前
　　　之變化。
　　✎驗證透過旅遊行為，有助於認識一個國家並形成對該國國家形象。

　　由於旅遊是一個包含了遊前、遊中、遊後的一個整體化的過程，因
此在探討遊客對於目的地形象的評價時，亦應該將旅遊過程是為一個整
體，並從所涉及不同階段來進行考量並設計相應的訪談問題大綱，以便

在訪談過程中，得以依循所設計大綱中所列的既定目標，通過開放式的交談當中，廣泛收集受訪對象對於相關問題的第一手內容及觀點看法。為進一步優化研究的效率，研究前期階段曾先設計出 19 道可能的訪談問題大綱，對 8 名樣本對象進行小範圍訪談，並將此階段視為預測試（pilot test），再進一步將問題方向確認並且加以精簡整併後，本文的訪談大綱根據遊前、遊中、遊後三個階段，大致圍繞以下六個問題：

（一）受訪對象行前對葡萄牙的印象？印象、形象的來源？

（二）受訪對象行前是基於何種動機決定前往葡萄牙旅遊？

（三）在葡萄牙旅行過程當中，受訪對象對葡萄牙的親身體驗，有哪些印象深刻之處？

（四）受訪對象在結束訪葡之後，是否有再次重遊的意願？

（五）受訪對象在結束訪葡之後，是否願意向他人推薦葡萄牙這個目的地？

　　考量到符合此一範圍內的樣本對象並非普遍可觸及，樣本的取得具有一定的困難度，因此本研究訪談樣本的選取過程，除了需借助大量的人際網絡人脈進行募集彙總成為候選樣本名單，通過逐一過濾、篩選後，再逐一徵詢確認樣本對象的受訪意願，始能針對曾到訪葡萄牙的華人旅客作為訪談樣本的研究範圍。此外，為了顧及樣本的代表性，盡可能擴大受訪樣本的涵蓋面，亦可從本文受訪樣本的人口基本資訊可以大致看出。經由逐一接觸、聯繫及確認受訪樣本的合適性並汰除無效的訪談樣本後，最終成功採集了 38 位受訪對象的訪談內容逐字稿，作為研究樣本原始數據。本文進行的過程中亦受到全球新冠疫情所導致的諸多旅行限制因素，影響了整體的實體面對面訪談訪談工作進行，因此也有許多樣本的訪談係透過網路視訊方式進行。本文受訪樣本之性別、年齡、職業、教育程度、旅遊方式、所在地、到訪葡萄牙次數、葡萄牙逗留時間等情形（參閱表4-1），大致可彙整如下：

（一）性別：本次接受訪問的對象為女性共 28 位（占比 73.6%）；男

性有 10 位（占比 26.3%）。

（二） **年齡**：受訪者年齡；20-29 歲有 15 位（占比 39.47%）；30-39 歲 6 位（占比 15.79%）；40-49 歲有 7 位（占比 18.42%）；50-59 歲有 2 位（占比 5.26%）；60-69 歲有 5 位（占比 13.16%）；70-79 歲有 2 位（占比 5.26%）；80 歲以上有 1 位（占比 2.63%）。

（三） **所在地**：訪問對象的居住地包括中國大陸共 19 位（占比 50%）；來自澳門共 6 位（占比 15.79%）；來自臺灣共 9 位（占比 23.68%）；此外，另有來自英國、荷蘭、馬來西亞、西班牙各 1 位（占比 2.63%）。

（四） **職業**：受訪者的職業統計以自由職業居多，共 9 位（占比 23.68%）；教師、學生分別均為 7 位（占比 18.42%）；企業主、企業員工分別均為 4 位（占比 10.53%）；退休人員 5 位（占比 13.16%）；科研人員 2 位（占比 5.26%）。

（五） **教育程度**：受訪者具研究生以上學歷者共 29 位（占比 76.32%）；大學本科程度學歷者 3 位（占比 7.89%）；專科程度學歷者 6 位（占比 15.79%）。

（六） **旅行方式**：由於受訪對象當中有許多人曾先後多次以多種形式前往目的地國家，為求更全面的反映真實情形，本訪談對於受訪對象前往葡萄牙的以各種旅行方式均一併計入。根據受訪者前往葡萄牙的旅行方式進行統計，包括了以自由行、研學旅行、團體旅遊、商務旅行等形式，具體統計分別如下：自由行 17 人次（占比 44.73%）、研學旅行 21 人次（占比 55.26%）、團體旅遊 6 人次（占比 15.79%）、商務旅行 1 人次（占比 2.63%）。

（七） **到訪葡萄牙次數**：受訪者僅去過葡萄牙一次者多數，共有 28 位（占比 73.69%）；受訪對象去過葡萄牙兩次以上者共有 10 位（占比 26.31%）。

（八） **停留時間數**：根據受訪對象歷次停留葡萄牙時間進行統計，停留時間在 7 天以內的共 13 位（占比 34.21%）；停留時間在 7

到 14 天的共 3 位（占比 7.9%）；停留時間在 15 到 29 天的共 1 位（占比 2.63%）；停留時間在 30 到 90 天的共 18 位（占比 50%）；停留時間在 91 到 365 天的共 2 位（占比 5.26%）；停留時間在 366 天以上的共 1 位（占比 2.63%）。

表 4-1：受訪者個人基本資訊

編號	年齡	職業	教育程度	旅遊方式	現居地	訪葡次數	訪葡停留時間
M01	34	企業員工	研究所以上	自由行	澳門	1	10 天
M02	28	科研機構工作人員	研究所以上	研學旅遊	澳門	1	1 個月
M03	47	學生	研究所以上	研學旅遊	澳門	1	1 個月
M04	51	自由職業	研究所以上	自由行、研學旅遊	澳門	2	10 個月
M05	30	自由職業	研究所以上	自由行、研學旅遊	澳門	10	2 年
M06	22	學生	研究所以上	研學旅遊	澳門	1	1 個月
C01	46	企業員工	研究所以上	自由行	中國大陸	1	15 天
C02	50	自由職業	研究所以上	自由行	中國大陸	1	3 天
C03	31	企業員工	本科	自由行	中國大陸	1	10 天
C04	34	企業主	專科	自由行	中國大陸	1	10 天
E01	21	學生	研究所以上	自由行、研學旅遊	英國	1	1 個月
E02	26	自由職業	研究所以上	自由行	荷蘭	4	5 天
E03	32	自由職業	本科	自由行	馬來西亞	1	5 天
E04	45	企業主	研究所以上	自由行、商務	西班牙	100	5 天
T01	81	退休人士	研究所以上	自由行、團體旅遊	臺灣	4	5 天
T02	74	退休人士	專科	自由行、團體旅遊	臺灣	4	5 天
T03	60	教師	研究所以上	自由行	臺灣	10	5 天
T04	45	教師	研究所以上	自由行	臺灣	10	5 天
T05	72	退休人士	本科	自由行	臺灣	2	5 天
T06	64	企業主	專科	團體旅遊	臺灣	1	3 天

編號	年齡	職業	教育程度	旅遊方式	現居地	訪葡次數	訪葡停留時間
T07	63	退休人士	專科	團體旅遊	臺灣	1	3 天
T08	68	企業主	專科	團體旅遊	臺灣	1	3 天
T09	67	退休人士	專科	團體旅遊	臺灣	1	3 天
S01	27	科研機構工作人員	研究所以上	研學旅遊、自由行	中國大陸	2	11 個月
S02	28	教師	研究所以上	研學旅遊	中國大陸	1	1 個月
S03	26	學生	研究所以上	研學旅遊	中國大陸	1	1 個月
S04	27	自由職業	研究所以上	研學旅遊	中國大陸	1	1 個月
S05	29	教師	研究所以上	研學旅遊	中國大陸	1	1 個月
S06	27	自由職業	研究所以上	研學旅遊	中國大陸	1	1 個月
S07	48	教師	研究所以上	研學旅遊	中國大陸	1	1 個月
S08	46	教師	研究所以上	研學旅遊	中國大陸	1	1 個月
S09	49	教師	研究所以上	研學旅遊	中國大陸	1	1 個月
S10	26	企業員工	研究所以上	研學旅遊	中國大陸	1	1 個月
S11	30	自由職業	研究所以上	研學旅遊	中國大陸	1	1 個月
S12	22	學生	研究所以上	研學旅遊	中國大陸	1	1 個月
S13	25	學生	研究所以上	研學旅遊	中國大陸	1	1 個月
S14	26	自由職業	研究所以上	研學旅遊	中國大陸	1	1 個月
S15	22	學生	研究所以上	研學旅遊	中國大陸	1	1 個月

資料來源：作者彙整

　　旅遊形象的感知屬性，可以通過感知的目的地之間的類似性，識別旅遊目的地形象相對於其他目的地形象的優勢與劣勢（Coshall, 2000）。主題分析（thematic analysis, TA）是一種將所採集到原始資料內容進行識別、分析和報告模式（patterns，或主題 themes）的方法，也是質性研究方法當中對於實證訪談最常見的分析方式。通過最低限度的組織過程，能夠從所採集到的原始數據資料當中獲得豐富的描述性分析，更進一步能對於研究主題的各方面進行解釋，是主題分析方法的一大特點（Braun & Clarke, 2006）。通過主題分析方式，研究者對於受訪者所表述的逐字稿紀錄當中加以組織分類，並從受訪者的經驗、感受、想法與行為中歸納出分析的主題。本文將受訪者前往葡萄牙從事旅遊行為之經

驗、感受、想法與行為，通過主題分析的編碼（Coding）方式，將 38 位
受訪對象的逐字稿內容加以分類區隔，並根據旅遊行為的出發行前、旅
行過程中、旅行結束後等三個不同時間階段，識別出受訪者在行前、行
中、行後對於其旅遊目的國葡萄牙的認知模式或主題。經過對於 38 位受
訪者所採集到的反饋內容進行分析，藉此嘗試能還原受訪每位受訪者對
於葡萄牙旅遊經歷的原貌和其感受。大致可歸納出以下幾類的主題和結
果：

（一）行前印象

　　基於本研究的主要目的在於探討葡萄牙作為旅遊目的國的形象，主
題分析便根據目的地形象出發，並進一步推及成為目的國形象。通過主
題分析的結果發現，大部分的受訪對象在談及旅行前對於葡萄牙的主觀
印象，出現頻率最高的幾個關鍵詞大致包括了諸如「大航海（地理大發
現）」、「昔日海上強國（海上霸權）」、「歷史悠久」、「足球」、
「C 羅（Cristiano Ronaldo；羅納度）」、「距離遙遠」、「陌生（不了
解）」、「（在歐洲相對）落後（置後、靠底、落寞）」、「經濟情況
不佳（貧窮、人民生活不好）」、「治安有疑慮」、「生活步調慢（閒
散）」等，一定程度反映了葡萄牙給予世人一般的刻板印象。而當問及
這些對葡萄牙印象的緣由，受訪對象中出現最高的詞語大致上落在「學
校教育所學」、「媒體」、「大國崛起（紀錄片名）」、「國力衰退
（先盛後衰）」等，也充分反映了受訪對象對於他國常識性的認知大致
上來自於學校教育、書籍、媒體傳播等渠道。此外，由於受訪對象的背
景特性，中國澳門背景的受訪對象在行前對葡萄牙的印象顯得較為不
同，出現的內容包括諸如「很小就已經聽聞葡萄牙」、「與澳門有關
（曾經殖民統治澳門）」、「（里斯本）跟澳門很像」、「有機會打算
去看看」等詞，也反映出澳門與葡萄牙在歷史因素上的關聯性會對於受
訪者基本認知具有一定的影響。

（二）出行動機

通過主題分析的結果發現，受訪對象在決定前往葡萄牙的動機上所呈現的詞語顯得較為分散，包括了「認識不同文化」、「純粹好奇」、「還沒去過這個國家」、「看過有關葡萄牙的文章介紹」、「想去看歷史古蹟」、「去西班牙旅行時順道一起造訪葡萄牙（雙牙一網打盡）」、「受到旁人影響」、「曾經在澳門感受到葡萄牙式的文化（澳門誘因）」、「工作因素必須前往」、「可看可不看」等，顯示受訪對象多數人大都有自己的旅行動機，動機顯得較為多元。值得留意的是，受訪對象的出行動機也跟旅行的方式有關，例如參加研學旅遊的受訪樣本在出行動機上，大致就會集中在與學習相關的詞語上，諸如「收集論文資料」、「增進葡萄牙語能力」、「跟所學相關」等詞。

（三）行中感知體驗

當問及受訪對象在葡萄牙旅行過程當中較為印象深刻的體驗和感受時，受訪樣本大多能提供較多的反饋內容，包括「悠閒（步調慢）」、「友善（熱情、民風純樸）」、「宜居（生活態度好）」、「氣候好（舒適宜人）」、「風景好（漂亮）」、「旅遊性價比高（便宜、物價不高、C/P 值高）」、「葡萄酒」、「喝咖啡」、「吃魚」、「Bacalhau（鹽漬鱈魚；馬介休）」、「聽 Fado（法朵；法多）」、「歐亞大陸最西端 Cabo da Roca（羅卡角；洛卡岬）」、「歷史悠久」、「古老建築（古蹟）保存良好」、「安全」、「宗教氣氛濃厚」、「辦事效率不佳（行政效率低、不守時、閒散、懶散）」、「基礎設施較落後」、「英文（指標、告示牌、翻譯）不多」、「公共交通不便利」、「公共廁所不普遍（不好找、清潔程度不佳）」、「流浪漢」等詞語出現頻率高且較為集中，顯示給予入境遊客的旅遊體驗感存在較高的趨同性。

（四）行中體驗與行前印象的對比

被問及在葡萄牙旅行過程中的親身體驗和見聞，和行前對葡國的既定印象，存在哪些不同之處時，受訪對象的反饋內容較高頻率集中出現了包含「出乎意料（跟想像不同、沒想到、很意外）」、「（比想像

中）更有意思（有趣）」、「（比想像中）更落後」、「（比想像中）更漂亮」等詞，反映出大多數受訪對象通過旅行過程當中所獲得的親身體驗，產生了與行前對目的國印象較大程度的變化差異。此外，反饋內容的出現詞語當中，亦出現部分如「出發前沒聽過」、「宣傳太少」、「應該加強宣傳」等相關的內容，顯示經由行程過程的實際體驗和行前印象的對比之後，受訪對象基於前後對比落差所提出的進一步觀感，亦具有相當程度的參考價值。

（五）重遊意願

當受訪對象被詢及今後是否有再次重遊葡萄牙的意願時，反饋意見一致性表達了正向的態度（會、一定會、肯定會、有機會一定再去），樣本中並未出現有否定重遊意願的言詞，此情形可視為遊客對於再訪葡萄牙具有較高的意願。但詞語中也同時出現有部分和影響重遊意願相關的內容，包括「路途遙遠」、「需要多次轉機」、「飛行時間長」等，這些亦可將之視為與重遊意願相關的影響因素。

（六）口碑評價

在問到受訪對象今後是否會向旁人推薦前往葡萄牙旅遊時，有關反饋意見所出現的詞語大多數趨於肯定（會、一定會、肯定會、應該會）；另有少部分反饋意見的詞語則顯示持平態度（因人而異、不一定每個人都喜歡這類小眾的目的地、看情形而定）。

五、結　語

經由前述的實證分析，本文大致可歸納出以下的結論與發現：

（一）華人遊客在前往葡萄牙旅遊行前，對葡萄牙的國家形象與觀感相對較感到陌生，對於葡萄牙相關的了解程度較為有限，較多

的人僅停留在較為刻板的印象。由於所聽說過的評價大多趨於是較為負面評價，亦反映出大部分受訪者在行前，對於作為旅遊目的國的葡萄牙未能有清楚且正確的形象認識。

（二）華人遊客選擇前往葡萄牙旅遊的動機決策過程，葡萄牙往往並非初次赴歐洲旅遊時的首選目的國，亦非優先選擇的旅遊目的國。此部分的原因大致可歸因於華人遊客普遍對於葡萄牙感到陌生、了解程度較少、存在葡萄牙經濟落後不發達的刻板觀念，同時也反映出葡萄牙對於華人遊客市場的宣傳力度不足。前往葡萄牙的旅遊行為，基本未受到遊客性別、年齡的差異而有所影響。再從受訪者前往葡萄牙的旅行天數以及受訪者的收入來看，前往葡萄牙旅遊的行為一定程度受到距離、時間和經濟條件限制，先天上的距離相對遙遠、缺乏較直接航空交通方式等的不利條件，也使得華人遊客在行程安排上會偏好將葡萄牙列為與西班牙一同造訪，安排旅行總天數較長的日程，甚少會將葡萄牙列為單一的主要旅遊目的國。隨著旅行的時間日程偏長，以及連帶所導致旅行花費的增加，亦使得葡萄牙不是很適合於經濟條件有限、時間不充裕的華人遊客。

（三）由於華人遊客在出發行前往往對於葡萄牙的了解較為缺乏，因而使得抵達葡萄牙從事旅遊行為的過程當中的親身體驗和見聞，得以有較多行前初始形象所沒有的新觀感，藉此重新構建對於葡萄牙的觀感和形象。各類型有關葡萄牙的新詞語大量的出現，反映出華人遊客在訪葡萄牙的旅遊過程中，大致上處於較積極探索新知的態度；從訪談內容中受訪對象針對葡萄牙所反饋的內容，包括了物價、風土人情、景色等方面的詞語當中，亦反映出遊客對葡萄牙的目的國形象較趨於正面。

（四）部分受訪者對於在葡萄牙旅遊感到不安全、設施不齊全的評價，並非僅出現在葡萄牙。進一步對比先前曾經聽聞過有關於旅遊其他歐洲國家的旅客反饋經驗，大致可以了解到，許多華人旅客在其他歐洲國家旅行過後的反饋意見中，也都有類似評價。此外，遊客給予葡萄牙的負面評價，包括了交通較落後、

旅遊地宣傳和市場行銷不到位等因素，這些因素也會影響遊客在葡萄牙的旅遊過程當中，留下對於該國較負面的目的國形象。

（五）受訪對象一致性表達再次重遊葡萄牙的意願，亦有較高意願向他人推薦葡萄牙這個目的國，顯示在旅遊過程當中，遊客對於葡萄牙的認知、感知保持較高的興趣和滿意度。

綜合蒐集到的訪談內容，從受訪的華人遊客身上可以歸納出，受訪者對於透過旅遊行為來了解一個國家，進而建立對於葡萄牙的國家形象，普遍認為是具有正面意義的幫助。

參考文獻

Boeije, H.著；張可婷（譯）（2013）。質性研究分析方法。臺北：韋伯文化。

田利軍（2006）。旅遊心理學。北京：中國人民大學出版社。

李光宇（2008）。旅遊學概論。北京：化學工業出版社。

李宏（2007）。旅遊目的地形象測量的內容與工具研究。人文地理，2，48-52。

李娟文（1999）。中國旅遊地理。大連：東北財經大學出版社。

林本炫（2004）。質性研究方法及其超越。嘉義：南華大學社會所。

周世強（1998）。生態旅遊與自然保護、社區發展相協調的旅遊行為途徑。旅
　　遊學刊，04，33-35。

保繼剛、楚義芳（1999）。旅遊地理學（第二版）。北京：高等教育出版社。

畢恆達（1996）。詮釋學與質性研究。臺北：巨流圖書。

文崇一、楊國樞（2000）。訪問調查法。社會及行為科學研究法（下冊）。臺
　　北：東華書局。

王文科（2001）。教育研究法。臺北：五南圖書。

袁方（2002）。社會研究方法教程。北京：北京大學出版社。

湯開建（1999）。佛郎機助明剿滅海盜考。文化雜誌，39，79-92。

鄭朝貴（2009）。旅遊地理學。合肥：安徽大學出版社。

謝彥君（2004）。基礎旅遊學。北京：中國旅遊出版社。

Ahmed, Z. U. (1991). The Influence of the Components of a State's Tourist Image
　　on Product Positioning Strategy. *Tourism Management*, 12(4), 331-340.

Ajzen, I. (1991). The theory of planned behavior. *Organizational behavior and human
　　decision processes*, 50, 179-211.

Baloglu, S. & McCleary, K. W. (1999). A model of destination image formation.
　　Annals of tourism research, 26(4), 868-897.

Bansal, H. S. & Voyer, P. A. (2000). Word-of-mouth processes within a services
　　purchase decision context. *Journal of service research*, 3(2), 166-177.

Beerli, A. & Martín, J. D. (2004). Factors influencing destination image. *Annals of
　　Tourism Research*, 31(3), 657-681. http://dx.doi.org/10.1016/j.annals.2004.01.010

Blain, C., Levy, S. E. & Ritchi, J. R. B. (2005). Destination branding: insights and practices from destination management organization. *Journal of Travel Research*, 43(4), 328-338.

Cai, L. A. (2002). Cooperative Branding for Rural Destinations. Annals of Tourism Research, 29(3), 720-742.

Chen, C. F. & Tsai, D. C. (2007) How Destination Image and Evaluative Factors Affect Behavioral Intentions. *Tourism Management*, 28, 1115-1122.

Chu, S. C. & Kim, Y. (2011). Determinants of consumer engagement in electronic word-of-mouth (eWOM) in social networking sites. *International journal of Advertising*, 30(1), 47-75.

Crompton, J. L. (1979). An assessment of the image of Mexico as a vacation destination and the influence of geographical location upon that image. *Journal of Travel Research*, 17(4), 18-23.

De Ruyter, K. & Bloemer, J. (1999). Customer loyalty in extended service settings. *International Journal of Service Industry Management*, 10(3), 320-336.

Echtner, C. M. & Ritchie, J. R. B. (1993). The Measurement of Destination Image: An Empirical Assessment. *Journal of Travel Research*, 31(4), 3-13.

Fakeye, P. C. & Crompton, J. L. (1991). Image Differences between Prospective, First-Time, and Repeat Visitors to the Lower Rio Grande Valley. *Journal of Travel Research*, 30(2), 10-16.

Filieri, R., Alguezaui, S. & McLeay, F. (2015). Why do travelers trust TripAdvisor? Antecedents of trust towards consumer-generated media and its influence on recommendation adoption and word of mouth. *Tourism management*, 51, 174-185.

Gartner, C. M. (1991). The Meaning and Measurement of Destination Image. *Journal of Tourism Studies*, 2(2), 2-12.

Gartner, W. C. (1986). Temporal influences on image change. *Annals of Tourism Research*, 13(4), 635-644.

Gartner, W. C. (1994). Image formation process. *Journal of Travel & Tourism Marketing*, 2(2/3), 191-216.

Gilly, M. C., Graham, J. L., Wolfinbarger, M. F. & Yale, L. J. (1998). A dyadic study of interpersonal information search. *Journal of the academy of marketing science*, 26(2), 83-100.

Goodall, B. (1991). Understanding holiday choice. *Understanding holiday choice*, 58-77.

Gunn, C. (1992). *Vacationscape*. Austin, T.X.: University of Texas.

Hall, C. Michael & Lew, Alan A. (2009). *Understanding and Managing Tourism Impacts: An Integrated Approach*. London: Routledge.

Hunt, J. D. (1975). Image as a factor in tourism development. *Journal of Travel Research*, 13(3), 1-7.

Ian Dey (1993). *Qualitative Data Analysis: A User-Friendly Guide for Social Scientists*. London: Routledge.

Javalgi, R. G., Thomas, E. G. & Rao, S. R. (1992). US Pleasure Travelers' Perceptions of Selected European Destinations. *European Journal of Marketing*, 26(7), 45-64.

Kuri, Bapon, Islam, Synthia & Ananya, Sadia. (2020). Tourism Diplomacy: A Feasible Tool of Building Nation's Image through Tourism Resources. *A Study on Bangladesh*, 12. 10.7176/EJBM/12-24-10.

Laczniak, R. N., DeCarlo, T. E. & Ramaswami, S. N. (2001). Consumers' responses to negative word-of-mouth communication: An attribution theory perspective. *Journal of consumer Psychology*, 11(1), 57-73.

Lawson, F. & Bond-Bovy, M. (1977). *Tourism and Recreational Development*. London: Architectural Press.

Litvin, S. W., Goldsmith, R. E. & Pan, B. (2008). Electronic word-of-mouth in hospitality and tourism management. *Tourism management*, 29(3), 458-468.

MacCannell, D. (1999). *The Tourist: A New Theory of the Leisure Class*. Berlin: Schocken Books.

Mayo, E. & Jarvis, L. (1981). *The Psychology of Leisure Travel*. Boston: CBI Publishing.

Mossberg, L., & I. Kleppe (2005). Country and Destination Image: Different or Similar Image Concepts. *The Service Industries Journal*, 25, 493-503.

Murray, K. B. (1991). A test of services marketing theory: consumer information acquisition activities. *Journal of marketing*, 55(1), 10-25.

Nadeau, J., Heslop, L., O'Reilly, N. & Luk, P. (2008). Destination in a country image context. *Annals of Tourism Research*, 35(1). 84-106. https://doi.org/10.1016/j.annals.2007.06.012.

Pappu, R. & Quester, P. (2010). Country equity: Conceptualization and empirical evidence. *International Business Review*, 19(3), 276-291.

Raspor, A., Stranjančević, A., Bulatović, I. & DarkoLacmanović, D. (2017). Tourism Invisible Part of Exports: The Analysis of Slovenia and Montenegro on the Chinese Outbound Tourism. In Anita Macek (ed.). *International Trade- On the Brink of Chang*e. London: IntechOpen. https://doi.org/10.5772/66628

Recker, W. W., McNally, M. G. & Root, G. S. (1986). A model of complex travel behavior: Part II-An operational model. *Transportation Research Part A: General*, 20(4), 319-330.

Rosenberg, M. J., Hovland, C. I., McGuire, W. J., Abelson, R. P. & Brehm, J. W. (1960). *Attitude organization and change: An analysis of consistency among attitude components*. (Yales studies in attitude and communication.). New Haven, C.T.: Yale University Press.

Roy Dholakia, R. & Sternthal, B. (1977). Highly credible sources: persuasive facilitators or persuasive liabilities?. *Journal of Consumer research*, 3(4), 223-232.

Taylor, S. & Todd, P. (1995). Decomposition and crossover effects in the theory of planned behavior: a study of consumer adoption intentions. *International Journal of Research in Marketing*, 12(2), 137-155.

Tham, A., Croy, G. & Mair, J. (2013). Social media in destination choice: distinctive electronic word-of-mouth dimensions. *Social Media & Tourism Marketing*, Vol. 30, Nos 1/2, 144-155.

Tomé, E., Gromova, E. & Hatch, A. (2020). Did the Bubble Burst? The Portuguese Economy during COVID-19. Management & Marketing. *Challenges for the Knowledge Society*, 15(1) 477-495.

UNESCO (2020). *World Heritage Convention*. https://whc.unesco.org/en/statesparties/pt

UNWTO (2020). *Portugal arrivals by region of origin*. https://www.unwto.org/country-profile-inbound-tourism

Walmsley, D. J. & Young, M. (1998). Evaluative Images and Tourism: The Use of

Personal Constructs to Describe the Structure of Destination Images. *Journal of Travel Research*, 36(3), 65-69. https://doi.org/10.1177/004728759803600307

Weaver, David B. & Lawton, Laura (2010). *Tourism management*. Milton, Qld: John Wiley & Sons.

Zeugner-Roth, Katharina & Diamantopoulos, Adamantios (2009). Advancing the country image construct. *Journal of Business Research*, 62, 726-740. https://doi.org/10.1016/j.jbusres.2008.05.014

Chapter 5

新冠疫情對
葡萄牙旅遊經濟之影響

The Impact of Covid-19 Pandemic to Tourism Economy in Portugal

柳嘉信、林超楠

Eusebio C. Leou, Chaonan Lin

本章提要

　　旅遊和旅遊業無論是對於個人、組織、國家而言，都是至關重要的，但是旅遊業在面對環境變化時是敏感且脆弱的。本文以 Covid-19 對葡萄牙旅遊業的影響為例分析全球性危機事件究竟如何對國家的經濟產生影響。在全球爆發 Covid-19 疫情的大背景下，從市場供求的角度切入，探討國家旅遊市場在面對危機時的變化，通過半結構式深度訪談的形式對葡萄牙人或在疫情期間到訪葡萄牙的人進行訪問，試圖論證全球性危機事件下，葡萄牙旅遊市場作出的相應調整和變化。最終通過梳理得出結論：在全球性危機事件發生後，葡萄牙旅遊市場的需求變化大於供給變化，且部分供給隨著需求的變化而變化。

關鍵詞：全球性危機事件、Covid-19、葡萄牙、旅遊業

Abstract

　　Tourism is vital to individuals, organizations and countries, but it may become sensitive and vulnerable when entire environment has changed. In this study, taken Portugal tourism industry under Covid-19 pandemic as an example to analyze how global crisis events affect country's economy. Based on this background, the outbreak of Covid-19 may lead to the changes of national tourism market from the perspective of market supply and demand. Semi-structured interviews were conducted during this pandemic, and participants were Portuguese or tourists who visited Portugal. The aim of this survey is trying to demonstrate the adjustment and changes when such pandemic comes in Portugal tourism market. Finally, the conclusion pointed out that the change of demand is greater than the change of supply in Portugal tourism market, while part of supply would change if demand changed.

Key Words: Global Alert Issue, Covid-19, Portugal, Tourism, Tourism Economy

一、前　言

　　二十世紀後半葉，隨著旅遊業在全球範圍內的蓬勃發展而帶來的經濟效益增長使各國政府意識到旅遊業是一個具備較高經濟效益的行業，他能夠帶動相關產業的發展、吸收勞動力、降低失業率、拉動總體經濟增長，由此成為各國現代經濟市場中重點發展的產業。然而，旅遊業也常常會受到外部因素變化的影響，例如匯率變動、國際關係變動、自然災害、恐怖主義襲擊、戰爭、全球公共衛生安全等都影響著旅遊業的發展。

　　2019 年 12 月，一場始料未及的災難悄然發生，從零星的病毒感染個案迅速席捲全球，發展成為一場全球性大流行[1]。這場人類歷史上新一波的全球性大流行（Pandemic），除了對人們的日常生活造成重大限制和影響，更對於高度仰賴跨界、跨境和跨國的旅遊活動，造成了毀滅性的衝擊；隨著疫情持續嚴重，邊境管控、航班限制令等旅行限制禁令被各地政府廣泛運用於遏止病毒的傳播，卻也同時讓全球旅遊業因此面臨全面停擺。截至 2020 年 8 月，全球遊客數量因為疫情導致下降 70%，聯合國世界旅遊組織（World Tourism Organization, UNWTO）將此次疫情

---

[1] 2020 年 1 月 30 日，世界衛生組織（World Health Organization, UNWHO）正式認定將未命名的新型冠狀病毒的疫情符合國際關注的突發公共衛生事件（PHEIC）（UNWHO, 2020a）之評斷標準。2020 年 2 月 11 日，此新病毒命名被國際病毒分類委員會（ICTV）命名為「嚴重急性呼吸綜合冠狀病毒 2（SARS-CoV-2）」（UNWHO, 2020b）；而世界衛生組織亦於同日正式將此一新疾病定名為「2019 冠狀病毒病（Coronavirus disease 2019）」，並將該造成此冠狀病毒病的病毒稱之為「COVID-19 病毒（以下簡稱為 COVID-19）」，藉以區別並避免與過往曾經發生過的不同疾病有所混淆（UNWHO, 2020c）。日內瓦時間 2020 年 3 月 11 日傍晚，世界衛生組織正式宣布，由「嚴重急性呼吸綜合冠狀病毒 2（SARS-CoV-2）」所引起肺炎疫情的爆發已經構成一次「全球性大流行（Pandemic）」（UNWHO, 2020d）。

稱為「前所未有的健康、社會和經濟突發事件」（UNWTO, 2020）[2]。
Covid-19 全球疫情導致各國政府因應疫情防控必須做出嚴格的旅行限
制，也導致 2020 年成為了旅遊業歷史上最糟糕的一年；對許多仰賴旅遊
經濟收入支持國家財政的國家而言，Covid-19 疫情對於這些國家的經濟
已然造成相當程度的影響。

　　葡萄牙作為國內生產總值最依賴旅遊業的國家之一[3]，旅遊業的發展
不僅給葡萄牙帶來了經濟收入，更平衡了產業結構帶動相關產業發展，
同時促進了國際交流和國家文化輸出。同時，旅遊業也是葡萄牙獲取外
匯和彌補外貿赤字的重要途徑（MOFCOM，2012）。然而，隨著新冠疫
情在全球範圍內的席捲肆虐，葡萄牙旅遊業面臨的不僅僅是遊客的缺失
和經濟收入的減少，COVID-19 造成危害對葡萄牙整個旅遊產業的衝擊
都是十分巨大的。本文旨在通過基於葡萄牙旅遊經濟受 Covid-19 疫情之
影響的研究，分析此次危機事件對葡萄牙國家旅遊經濟的影響。通過實
證研究途徑，選取 2020 年上半年全球疫情爆發後到 2021 年下半年期
間，曾經造訪葡萄牙的旅客對象為受訪樣本，通過半結構深度訪談方
式，收集受訪對象對於在疫情期間所遭受的旅行限制的反饋意見，以及
受訪對象在疫情期間在葡萄牙當地的近身觀察反饋內容，從中進一步解
析面臨本次全球疫情下，葡萄牙在旅遊活動及旅遊經濟方面的影響和衝
擊情形，從危機管理策略檢視其因應之道。以 Covid-19 疫情發生以來，
葡萄牙相關政策對於葡萄牙旅遊行業及其市場內部功能產生影響為切入

---

[2]　全球有 34%的目的地對國際遊客部分關閉（UNWTO, 2021a）。旅遊收入方
　　面，COVID-19 使 2020 年世界旅遊總收入下降至二戰以來歷史新低 -2.92 萬
　　億美元，使旅遊業在全球 GDP 中下降至 3.6%（WTCF, 2020）。

[3]　旅遊產業作為帶動葡萄牙出口和就業的支柱產業，年接待遊客量破千萬人次；
　　根據葡萄牙「國家統計局（Instituto Nacional de Estatística, INE）」的資料顯
　　示，2016-2019 年分別接待遊客 2,120 萬、2,300 萬、2,500 萬、2,699 萬人次
　　（INE, 2017-2020），而根據歐盟下屬負責統計工作的行政機構「歐洲統計局
　　（Eurostat）」公布的葡萄牙 2019 年人口總量為 1,028 萬（Eurostat, 2019），
　　也就是說葡萄牙遊客數量超過了葡萄牙自身的人口總量。同時，2019 年葡萄
　　牙旅遊業收入為 184.31 億歐元，較 2018 年增長 42.8 億歐元，占國內生產總值
　　15%（INE, 2020）。

點，探討因 Covid-19 疫情而產生的葡萄牙旅遊市場供需關係的具體變化，了解此次因 Covid-19 疫情的旅遊限制，對於葡萄牙旅遊經濟的影響程度，以及葡萄牙旅遊業對於入境遊客遽減情形下，所採取諸如市場轉型、擴大內需等因應之道。

二、旅遊活動的本質和旅遊經濟的脆弱性

　　旅遊活動最早在十九世紀中後期的北美和西歐新型工業化國家中開始流行。二戰之後，全球經濟活動逐漸復甦，也使得人們的生活、教育水平獲得改善及提升，對休閒需求的認同也與日俱增。此外，交通、科技及通信技術的發展，以及帶薪休假制度的實行，都促使大眾旅遊文化開始盛行（Lanquar, 1981）。旅遊活動根據它在社會、文化、教育和國營公司經濟的各領域，以及在世界各地的國際關係中所起的直接影響，被視為各國生活中的必要活動。它的充分發展與各國的社會經濟發展相關，並且取決於人們在具有深刻人文特徵的自由時光和休閒中能夠享受創造性的休息、度假和旅行的自由。世界旅遊組織於 1980 年所發布的《馬尼拉世界旅遊宣言（Manila Declaration on World Tourism）》中認為，旅遊業的生存、發展與持久的和平密切相關，旅遊業本身又可為持久和平做出貢獻（UNWTO, 1980）。由此可以看出，旅遊業的增長和發展因素似乎不僅是依賴於生活水準的提高，而是更取決於生活方式的改變（Lanquar, 1981）。旅遊活動成為經濟學者系統性研究的物件，從旅遊經濟和休閒經濟方面進行廣泛的探討。由於每個旅遊經濟體系存在的前提，供給（Supply）和需求（Demand）二者是不可或缺、相互依賴的，因此常見的研究視角上也會將旅遊經濟拆分為供給和需求兩個板塊分別進行研究。

　　從供給面來看，旅遊供給是指遊客可獲得的目的地資源和服務，涵蓋有形和無形產品兩個部分，旅遊業包含對旅遊產品的生產所貢獻的所有經濟活動（Smith, 2004）。按此標準，旅遊業相關的經濟部門應包含接待設施、吸引物、交通設施等三個部分；旅遊供給包括旅遊資源、旅

遊設施、旅遊服務三個內容（李卉妍、王浩，2009）。其中旅遊業相關
交通設施，主要係針對服務旅客往來於始發地和目的地間的交通設施，
包括航班、海運、鐵路、公路等陸海空客運交通[4]。有時候，三者之間沒
有明確的區隔，例如國家公園既是旅遊吸引物，但國家公園裡面的露營
地也可以作為住宿接待設施；又譬如郵輪作為交通設施還備有住宿、餐
飲服務，而郵輪本身也是一個吸引物。

　　再從需求面來看，有學者將旅遊需求分為主體與客體兩個部分，其
中主體是遊客或潛在遊客本身，客體是旅遊設施與服務，也就是旅遊供
給的內容，是遊客對旅遊供給的偏好與選擇（德村志成，2002；黃安
定，2010）。由於旅遊業服務的對象範圍寬泛，可能同時包含了專門服
務於遊客的要素（如交通運輸、航空客運），以及同時服務於遊客和非
遊客的要素（如日常衣、食、醫療服務的消費），甚至會因為旅遊業服
務對象無法清晰劃分，而出現要素服務於非遊客數量大於遊客數量的
「部分產業化現象」。因此，有學者主張應圍繞以遊客為主體對象加以
明確劃分，只有直接為遊客提供物品與服務的特定組織，才得被歸入旅
遊業（Leiper, 1989）；同時，人們為工作或完成有報酬的活動而進行的
出行行為也應被進一步排除在旅遊需求的範圍之外。針對上述因素以外
而離開常駐地從事定期或臨時外出旅行的需求，才能稱之為旅遊需求
（Lanquar, 1981）。

　　儘管旅遊是一個乍看起來非常容易被定義的概念，但事實上是相當
複雜、多變且模糊（Hall, 2009）；旅遊的專業定義也隨時間發生著變化
（Jafari, 2000）。根據世界旅遊組織所提出的官方定義，旅遊是「人們
出自獲取報酬以外的任何目的，而向其日常環境以外的地方旅行，並在
該地停留不超過一年所產生的活動」（UNWTO, 1995）。結合官方跟諸

---

[4] 根據世界貿易組織（World Trade Organization）的定義，大部分的國際交通服
　務實際上是貨物運輸，旅客交通僅占國際交通服務貿易的 25%左右（WTO,
　2007）。

多學者的定義可以發現[5]，相關的行為活動必須離開本身日常所居住的環境，才能構成旅遊活動的條件；因此，一旦人們的遷徙移動遭遇到了阻礙因素，旅遊活動將變得無法繼續進行，包括自然災害、戰爭、社會動亂、經濟危機、疫病傳染等因素，都可能對於遊客往來始發地及目的地之間的行旅過程產生阻礙，進而使得旅遊活動面臨中止或取消，並對旅遊業和旅遊經濟產生不利的影響，可以視為是旅遊危機事件（tourism crisis）。

　　早期對於旅遊危機尚未明確加以定義，相關的研究大多圍繞事件對旅遊者造成的危害和安全隱患的旅遊安全性領域，突發事件通常是無預警的、無經驗且無法及時獲得或尋求幫助的，事件對受害人的傷害是身體和心理上的雙重傷害，甚至可能是致命性的（Hodgkinson & Stewart, 1991）。隨著學界對於旅遊危機事件在概念和定義上越趨清晰，相關研究也進一步深化，強調旅遊面對社會和環境變化時的脆弱性，尤其對政策變動、環境變化和災害、交通與物品的價格波動極為敏感（Hall, 2009）。亞太旅遊協會（Pacific Asia Travel Assorication, PATA）認為旅遊危機包括各種自然或人為災害，能夠破壞旅遊業各個利益相關者的潛能。世界旅遊組織（UNWTO）對旅遊危機的定義或可視為一種國際間較為一致的參考觀點，即「旅遊危機即是影響旅遊者消費信心和消費需求，危及旅遊業持續健康發展的、難以預料的事件，並且這類事件可能以無限多樣的形式不斷發生。」（UNWTO, 2003）

---

[5] 如 Mathieson & Wall 將旅遊分為三個方面的內容，包括人們離開慣常的工作和居住環境去往其他目的地的移動、人們在目的地所進行的所有活動以及能夠滿足他們這些需求的設施（Mathieson & Wall, 1982）。又如 C. Michael Hall 根據旅遊客源地和旅遊目的地兩個角度進行區分，主要的旅遊類型有三個，分別是國內旅遊、入境旅遊和出境旅遊。國內旅遊是指本國或特定經濟體居民於本國境內或特定經濟體範圍內展開的旅遊活動；入境旅遊是指非本國或非特定經濟體居民於目的國家或目的特定經濟體範圍內展開的旅遊活動；出境旅遊指本國或特定經濟體居民離開本國境內或特定經濟體範圍展開的旅遊活動（Hall & Lew, 2009）。

　　長期以來，有關旅遊危機的相關學術研究大多是針對天災（如地震、海嘯、火山爆發、風災）、人禍（如戰爭、政治動盪、恐怖攻擊）等因素對於旅遊目的地的影響以及其危機應變（Saha & Yap, 2014; Mair et al., 2016）。由於這類的因素的發生，大多有一定的時間及空間範圍，所以其影響範圍往往也有其侷限性，甚少對於旅遊業整體產生結構性或戰略性的影響，也因而鮮見學術界對於諸如全球整體性旅遊危機方面進行相關探討。發生於 2002 年底至 2003 年間的「嚴重急性呼吸系統綜合症疫情（Severe Acute Respiratory Syndrome, SARS-Cov）[6]」事件，雖然曾經引發國際間對於疾病大流行的關注，但由於其影響的時間和範圍都有其局限性，有關疾病全球大流行所造成的旅遊危機因素，一直都因為人們始料未及而未受到重視。然而，隨著 Covid-19 新冠疫情發生之後對於全球範圍旅遊業所產生整體性的旅遊危機，致使旅遊業高度敏感性的特質再次被凸顯（Radic et al., 2020）。旅遊業這種先天極易受外界影響而出現波動的體質，一旦出現任何旅遊危機因素，都會對於整體旅遊產業以及國家的旅遊經濟發展造成一定程度的影響。

　　在國際上，根據《國際衛生條例（2005）》中的條例規定，通過疾病的國際傳播構成對其他國家的公共衛生風險，以及可能需要採取協調一致的國際應對措施的不同尋常事件，被稱為「國際關注的突發公共衛生事件（Public Health Emergency of International Concern, PHEIC）」（WHO, 2007）。突發公共衛生事件的突然性、危險性、擴散性和緊迫性，都使此類事件成為人類社會發展過程中亟待解決的難題。被列為「國際關注的突發公共衛生事件（PHEIC）」的 Covid-19 新冠疫情發生迄今，由於空間層面的影響範圍廣泛，且隨著病毒株不斷在各地產生新的變異而導致影響的時間範圍不斷拉長，對於全球旅遊產業的影響程度甚鉅；Covid-19 新冠疫情是基於增長範式的經濟社會危機，堪稱是前所未見（Ötsch, 2020; Mair, 2020）。

　　1972 年美國著名旅遊規劃專家甘恩（Clare Gunn）提出旅遊功能系

---

[6] 俗稱為「非典型肺炎事件」或「沙士事件」，簡稱為「非典」或「SARS」。

統模型（Functioning Tourism System Model），此一系統模型中（如圖 5-1），由需求（demand）和供給（supply）兩個板塊構成了旅遊功能系統；供給面是由吸引物（attraction）、交通（transportation）、服務（services）和資訊及促銷（information & promotion）等四個部分構成，這些要素間存在著相互依賴性。一旦旅遊者偏好產生變化，原來旅遊系統的平衡就會改變，系統中的其他要素也要發生相應的變化；旅行成本或模式就會出現改變，這些改變包括了新旅遊資源的開發、新旅遊服務的提供、新的促銷活動展開等（Gunn, 1988）。

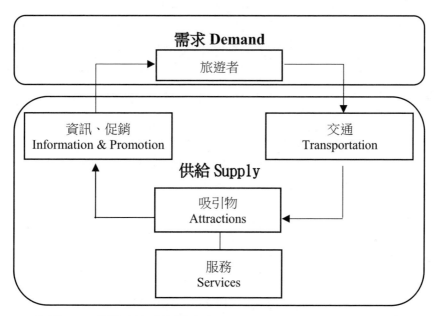

🎵 圖 5-1：旅遊功能系統模型（Functioning Tourism System, 1972）

資料來源：Gunn（1988）

2002 年甘恩再根據先前的基礎上進行了修改和補充，提出一個新的旅遊功能系統模型（圖 5-2）。當中同樣強調旅遊業的兩個主要驅動力在於供給（supply）和需求（demand）兩端，以滿足消費者。旅遊市場中供給面一旦某個要素出現變化，將會使得整個供給面出現變化；而在供

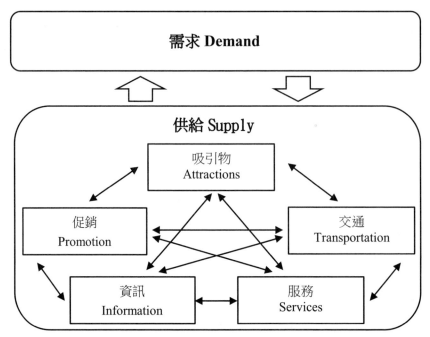

♫ 圖 5-2：旅遊功能系統模型（Functioning Tourism System, 2002）

資料來源：Gunn & Var（2002）

給面當中近一步將信息和促銷區隔，將供給區分成五個元素，包括吸引物（attraction）、交通（transportation）、服務（services）、資訊構成條（information）和促銷（promotion），同時也代表了旅遊業傳統的「5As構成條件[7]」，通過之間的交互作用形成旅遊市場供給面的組合式旅遊產品，藉以滿足旅遊市場的需求。在新的架構下，一個目的地必須有合適的吸引物，吸引物提供拉力（pull）以滿足遊客的推力（push），是旅遊系統中最強大的組成部分；至於其他一切因素都視為有助於目的地吸引物相關消費行為的供應者（facilitator），在整個模型當中的定位是一種附屬於

---

[7] 所謂的 5As 包括了吸引物（attractions），住宿（accommodation），活動（activities），交通（access）和設施（amenities）。

廣義的服務元素下之角色。旅遊服務業是旅遊範疇當中經濟上最大的貢獻者，包括住宿、餐飲、交通、旅行商業（travel trade）和其他輔助業務；目的地必須意識到服務的需求，並且發展一系列的服務以滿足遊客的需求。資訊則扮演著將消費者鏈接到景點或目的地的催化劑角色，資訊包括標準的宣傳材料、導覽解說（interpretation）、環境資訊（environmental messages）等。旅遊需求方面則涉及四大因素，包括了遊客必須有旅行的動機、遊客在經濟上有商品和服務的支付能力、遊客有時間及體力去旅行。藉由這些因素，往往能夠直接或間接的從地理因素上或人口條件上，便於潛力市場的辨別（Gunn & Var, 2002）。

三、疫情前後葡萄牙旅遊經濟的對照：基於統計數據分析

據統計資料顯示，1995 年，葡萄牙的入境遊客為約 951 萬人次，旅遊收入為 56.5 億美元，相當於遊客人均消費約 594 美元；旅遊收入約占葡萄牙整體國民生產總值的 4.8%（INE, 1996）。經歷了四分之一世紀的時間後，葡萄牙對旅遊業的依賴在二十五年間急劇增加，特別是在疫情前近十年期間，葡萄牙無論是遊客人數（如圖 5-3、5-4）和旅遊收入（如圖 5-6、5-7）都大幅成長（UNWTO, 2021）。

在 2020 年上半年 Covid-19 全球大流行爆發之前，葡萄牙在旅遊方面的產值達到 245.9 億美元，占國民生產總值的 10.25%，每位遊客在葡萄牙度假時的人均花費為 1,423 美元（如圖 5-4、5-5）。然而，受到全球疫情的影響，葡萄牙的旅遊收入無可避免地直線下降，只剩下 105.2 億美元，衰退的幅度達 57%。旅遊業占葡萄牙國內生產總值只剩 4.2%（如圖 5-5、5-6）。這樣的成績，使得 2020 年共接待遊客 400 萬人次的，葡萄牙約占南歐所有國際旅遊收入的 22%，居世界第 41 位。

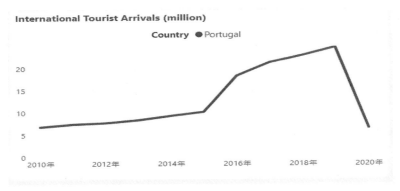

♀ 圖 5-3：葡萄牙國際入境旅客人數變化趨勢（2010-2020 年）

資料來源：UNWTO，https://www.unwto.orgtourism-flows-source-markets-and-destinations

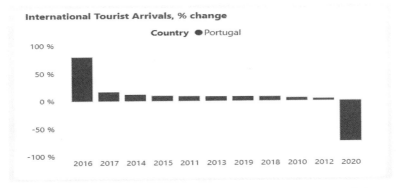

♀ 圖 5-4：葡萄牙國際入境旅客人數變化趨勢（2010-2020 年）

資料來源：UNWTO，https://www.unwto.orgtourism-flows-source-markets-and-destinations

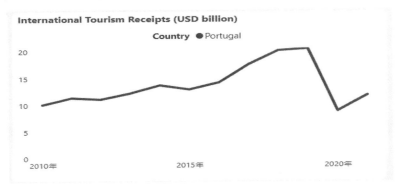

♀ 圖 5-5：葡萄牙國際入境旅客消費變化趨勢（2010-2020 年）

資料來源：UNWTO，https://www.unwto.orgtourism-flows-source-markets-and-destinations

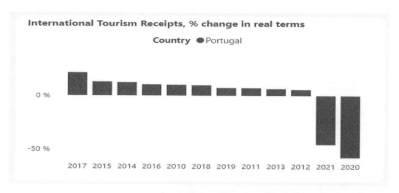

♪ 圖 5-6：葡萄牙國際入境旅客消費變化趨勢（2010-2020 年）

資料來源：UNWTO，https://www.unwto.orgtourism-flows-source-markets-and-destinations

　　數據顯示，葡萄牙 2019 年旅遊人數達到 2,700 萬人次，達到了歷史最高值，較 2018 年增長了 7.3%，其中入境遊客數達 1,630 萬人次，占總人次數的 60%左右。統計數據顯示，入境遊客仍占葡萄牙整體遊客的多數，入境遊客市場仍大於國內旅遊內需市場，且入境遊客又以來自歐洲國家的遊客為大宗（如圖 5-7），入境遊客中最主要的客源地包括西班牙、法國、英國、德國等國（López, 2022）[8]。

　　歐洲聯盟在 2021 年 2 月出版了一篇名為〈Covid-19 疫情對葡萄牙旅遊業和旅遊業的影響：關於使歐洲區域發展基金（ERDF）和凝聚力基金（CF）對經濟復甦的貢獻最大化的建議[9]〉的報告中，就此次 Covid-19 新冠疫情對其旅遊業的重大打擊進行研究，主要分析了葡萄牙旅遊業在疫情爆發前的擴張方式，以及隨著邊境和旅遊活動關閉，旅遊業是如何

---

[8] 西班牙作為與葡萄牙唯一陸陸相連，可以通過陸地交通方式抵達，其他境外遊客入境葡萄牙旅遊主要可以選擇航空和海運兩種方式，但葡萄牙的港口設施是以貨運為主要用途建設的，在葡萄牙的數十個港口中只有里斯本和雷索斯（Leixões）有客運航線，海運的客運相對較少，因此大部分遊客會選擇航空作為出入境旅遊途徑。

[9] The impact of the COVID-19 outbreak on the tourism and travel sectors in Portugal: Recommendations for maximizing the contribution of the European Regional Development Fund (ERDF) and the Cohesion Fund (CF) to the recovery.

崩潰的。報告旨在使葡萄牙旅遊業回到正軌，並使其更加調整和適應未來的危機。通過官方統計平台數據並建立專業的資料庫，來瞭解疫情前的葡萄牙旅遊業發展形勢，通過半結構式訪談的方法得到疫情後葡萄牙旅遊相關的資訊，受訪者涵蓋了國家和地區一級旅遊組織以及大多數國家商業協會等 28 個專業組織。

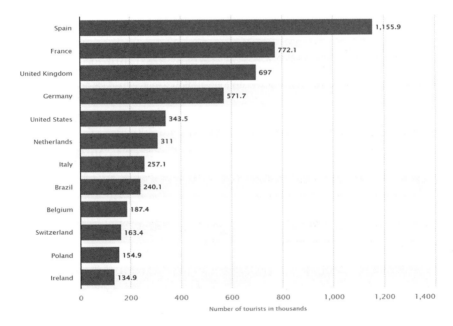

圖 5-7：葡萄牙入境遊客的主要來源國（2021 年）

資料來源：López (2022). Main countries of origin for inbound tourism in Portugal 2021 by Statista. https://www.statista.com/statistics/446985/leading-international-travel-markets-for-portugal/

此份報告的主要看點在於為葡萄牙乃至歐洲旅遊業的未來提供了幾種可能的發展方式，並就最大限度地提高歐洲區域發展基金（ERDF）和凝聚力基金（CF）對復甦的貢獻提出建議。其中，報告結論認為上述兩項基金應最大限度的增加對旅遊業的投資，旅遊業應該被視作一個「善於在其他部門創造水準溢出效應和設備發展」的部門，使它能夠站在社

會層面上引導社會和經濟轉型。此外，報告結論對於疫情後的復甦提出具體建議，包括：（一）支持旅遊中小企業的綠色和數字化轉型，建立新的商業模式以適應新的旅遊環境，提高企業的韌性與抗逆力，同時提高競爭力；（二）支持國家、區域和地方層面的公共和私營旅遊機構（如目的地管理組織、國家旅遊組織和理事會等）的能力建設，特別是在可持續發展和數字化領域。

對於葡萄牙旅遊業的發展前景，報告認為葡萄牙旅遊業的復甦與發展可分為短、長期兩個階段進行。短期而言，葡萄牙政府的當務之急應是優先事項應該是保護旅遊經濟，防止就業機會消失，避免旅遊業破產。在保證旅遊經濟持續運轉的情況下，逐步加強旅遊業與當地基礎經濟的互動，將旅遊經濟根植於本土，同時加強數位化建設。逐步減少地區對旅遊業的依賴，加強地區產業和需求的多樣性，減少旅遊的脆弱性和敏感性為地區經濟帶來的不穩定因素。報告對於葡萄牙政府在財政政策、貨幣政策、市場等方面提出具體建議，包括有：（一）免徵、延期和減免旅遊相關稅和現金流協助；（二）為旅遊業中小企業提供經濟援助如新貸款計畫和優惠貸款條件；（三）工作職位支持與技能支持；（四）內部數位化監管市場情況，以保證決策與預判更加有效；（五）在保證安全的情況下逐漸恢復旅遊。

再從長期而言，報告認為葡萄牙旅遊業想要持續發展，離不開創新能力和創造增值產品的能力。創新專案的研究應該提供在危機時期更有彈性的支持，發展低碳、綠色的可持續旅遊路線，如簽訂綠色協議，使綠色旅遊的概念在國際間達成共識，還有森林環境、水環境、循環經濟都提出了具體的建議，將旅遊經濟與地區經濟相結合共同發展可持續旅遊。

隨著新冠疫情大流行在全球範圍內的影響逐步趨緩，各國也陸續解除了旅行限制，旅遊活動也隨之逐步復甦。2021 年，西班牙在葡萄牙的過夜遊客人數超過 100 萬，是當年歐洲國家國際旅遊的主要來源國中最高的數字（López, 2022）[10]。2022 年，素有「旅遊業奧斯卡獎」盛名的

---

[10] 排在第二位和第三位的是法國和英國。

「世界旅遊獎（World Travel Awards）」再次將「歐洲領先的旅遊目的地」獎項頒給葡萄牙[11]（Governo da República Portuguesa, 2022; World Travel Awards, 2022）。事實上，這項由來自世界各國的數千名旅遊業專業人士投票結果所評選的獎項，自 2016 年起至 2022 年間已經先後五次將「歐洲領先的旅遊目的地」的相同殊榮授予葡萄牙，可見葡萄牙在歐洲範圍內已經在旅遊同業之間獲得相當程度的肯定，也大幅提高了葡萄牙在歐洲乃至全球旅遊產業發展的地位及聲譽。此外，葡萄牙亦同時獲得其他主要類別的獎項，顯示葡萄牙在旅遊方面近年內的發展，已經獲得同業之間一定程度上的肯定[12]（詳細獲獎情形如表 5-1 所示）。

✎ 表 5-1：「世界旅遊獎（World Travel Awards）」2022 年葡萄牙獲獎情形

Full List of Portuguese Tourist Destinations that Won World Travel Awards 2022
• Europe's Leading Destination 2022 – Portugal
• Europe's Leading Adventure Tourism Destination 2022 – Azores Islands
• Europe's Leading Beach Destination 2022– The Algarve, Portugal
• Europe's Leading City Destination 2022 – Porto, Portugal
• Europe's Leading City Break Destination 2022 – Lisbon, Portugal
• Europe's Leading Cruise Destination 2022 – Lisbon, Portugal

---

[11] 葡萄牙旅遊、貿易及服務國務秘書 Rita Marques 認為，「歷經艱難的新冠疫情大流行之後， 葡萄牙在 2022 年能在『世界旅遊獎』的 30 多個類別中獲獎更別具特別重要的意義。我們很自豪地看到我們的旅遊產業和專業人士得到了國際同行的認可，無論在任何困難的局面下，旅遊業者仍堅守葡萄牙做為卓越旅遊目的地的地位，這樣的成績應歸功於葡萄牙旅遊業的每個代理商。」（Governo da República Portuguesa, 2022）

[12] 獲獎的計和地點包括亞速爾群島（Açores / Azores）獲選為歐洲領先的冒險旅遊目的地（Adventure Tourism Destination）、阿爾加維（Algarve）獲選為歐洲領先的海灘目的地（Beach Destination）、波爾圖（Porto）獲選為歐洲領先的城市目的地（City Destination）；首都里斯本（Lisboa）同時獲選多個獎項，包括歐洲領先的城市休閒目的地（City Break Destination）、歐洲領先的郵輪目的地（Cruise Destination）、歐洲領先的郵輪港口（Cruise Port）、歐洲領先的海濱大都市目的地（Seaside Metropolitan Destination）（World Travel Awards, 2022）。

Full List of Portuguese Tourist Destinations that Won World Travel Awards 2022
• Europe's Leading Seaside Metropolitan Destination 2022 – Lisbon, Portugal
• Europe's Leading Cruise Port 2022 – Lisbon Cruise Port, Portugal
• Europe's Leading Tourist Attraction 2022 – Passadiços do Paiva (Arouca UNESCO Global Geopark), Portugal
• Europe's Leading Adventure Tourist Attraction 2022 – Passadiços do Paiva (Arouca UNESCO Global Geopark), Portugal
• Europe's Responsible Tourism Award 2022 – Dark Sky Alqueva, Portugal
• Europe's Leading All Inclusive Resort 2022 – Pestana Porto Santo All Inclusive, Portugal
• Europe's Leading Beach Hotel 2022 – Pestana Alvor Praia, Portugal
• Europe's Leading Design Hotel 2022 – 1908 Lisboa Hotel, Portugal
• Europe's Leading Island Resort 2022 – Vila Baleira Resort, Portugal
• Europe's Leading Landmark Hotel 2022 – Vila Galé Collection Braga, Portugal
• Europe's Leading Leisure Resort 2022 – Pine Cliffs, a Luxury Collection Resort, Portugal
• Europe's Leading Lifestyle Hotel 2022 – Pestana CR7 Lisboa, Portugal
• Europe's Leading Lifestyle Resort 2022 – Conrad Algarve, Portugal
• Europe's Leading Luxury Boutique Hotel 2022 – Valverde Hotel, Portugal
• Europe's Leading New Resort 2022 – Domes Lake Algarve
• Europe's Leading Sports Resort 2022 – Cascade Wellness Resort, Portugal
• Europe's Leading Villa Resort 2022 – Dunas Douradas Beach Club, Portugal
• Europe's Leading Wine Region Hotel 2022 – L'AND Vineyards, Portugal
• Europe's Most Romantic Resort 2022 – Monte Santo Resort, Portugal

資料來源：Europe Winners 2022 of World Travel Awards (2022). https://www.worldtravelawards.com/winners/2022/europe

四、疫情前後葡萄牙旅遊經濟的對照：實證訪談分析

本文嘗試通過對於在疫情期間居處葡萄牙的受訪對象進行實證訪談的收集，通過受訪對象對於疫情前後葡萄牙旅遊業變化的近身觀察表

述，從中了解葡萄牙在 Covid-19 新冠疫情期間旅遊經濟所受到的影響，以及相關部門的因應舉措。基於甘恩 2002 年所提出旅遊功能系統模型概念，訪談設計係從旅遊產業供給面和旅遊市場需求面兩方面出發，其中旅遊產業供給面是從旅遊從業者、旅遊資源、旅遊設施、旅遊服務等四個旅遊供給面維度進行題綱設計；對於旅遊市場需求面，題綱的設計係從遊客規模、遊客構成、旅遊動機與行為、旅遊心理等方面進行題綱設計（德村志成，2002；黃安定，2010）。

訪談圍繞 Covid-19 新冠疫情發生前、後兩個階段在葡萄牙旅遊產業和市場的供給和需求進行提問，收集受訪對象的見聞和觀點評價，以及受訪者於疫情期間在葡萄牙的觀察和見聞，通過進一步的數據分析，了解 Covid-19 新冠疫情對葡萄牙旅遊經濟所造成影響，以及葡萄牙社會大眾對此次疫情的態度。通過代表性篩選和連繫後，最終以半結構式深度訪談方式，通過線下和線上方式，成功收集到 10 份有效的受訪樣本。相關的訪談工作是在 2021 年上半年期間分多次逐一完成（見表 5-2）。

📎 表 5-2：受訪者基本資料

編號	職業	性別	國籍	年齡	受訪方式
Re01	教師	男	葡萄牙	32	線下面訪
Re02	分析師	男	葡萄牙	34	線下面訪
Re03	電氣工程師	男	葡萄牙	29	線下面訪
Re04	學生	女	中國	26	線下面訪
Re05	教師	女	中國	58	線下面訪
Re06	教師	女	中國	53	線下面訪
Re07	教師	女	中國	29	線下面訪
Re08	學生	男	葡萄牙	25	線上視訊
Re09	教師	男	東帝汶	46	線上視訊
Re10	職業支援顧問	男	葡萄牙	33	線上視訊

資料來源：研究者彙整

經由上述的訪談採集，可發現 Covid-19 新冠疫情發生前後，葡萄牙旅遊市場供給面的變化，經對訪談內容分析後，大致發現以下情形：

（一）吸引物（attraction）

1.疫情期間由於防止病毒傳播，密閉的室內公共空間的大多關閉，致使人文旅遊資源和娛樂設施可接待量大幅減少，室內文娛設施在疫情開始後需要限流開放或縮短營業時間，對於遊客來說並不便利（樣本Re05、06、07、08）。

2.對活動慶典的管控，葡萄牙暫停舉辦許多傳統民俗慶典活動，使旅遊吸引物減少（樣本 Re06、07、09）。

3.對體育賽事的管控，葡萄牙暫停體育賽事的舉辦，使旅遊吸引物減少（樣本 Re06、07、09）。

4.疫情發生後，人們由於居家限制令而不得不被局限在家裡，恢復可出行後，大多希望進行放鬆和呼吸新鮮空氣。到露天、開闊的地方被視為有利於保持社交安全距離、避免病毒傳染，因此遊客更願意選擇處於戶外開放空間及大自然環境的景點，自然資源的旅遊吸引物受到高度的歡迎，成為疫情期間最熱門（樣本 Re05、06、07、09、10）。

5.在鄰國間關閉邊界自由往來的期間，包括葡萄牙國內的鄉間、山林、海邊及大西洋海島的目的地成為最受歡迎的旅遊熱點（樣本 Re05、06、07、09、10）。

6.包棟式度假民宿設施由於屬於較為封閉形式的旅宿設施，與其他住客的接觸機會比起酒店型態的旅宿設施相對較少，因而在疫情期間受到遊客歡迎，對包棟民宿的需求非常大，訂房十分踴躍（樣本 Re04、05、09）。

（二）交通（transportation）

1.航班限制令導致通過航空入境的國際遊客數量大幅下降，航班限制使入境遊客的旅遊變得困難；葡萄牙航空運輸業大受打擊，國際旅遊收入減少，導致復甦國際旅遊遙遙無期（樣本 Re01、02）。

2.疫情初期葡萄牙國內公共交通工具的限制，以及跨城區限制令的頒佈，使得國內居民無法便利出行，人們只能選擇短時間的、短距離的

出行，交通不便對遊客出行的局限性大（樣本 Re05、06、07、08）。

　　3.葡萄牙、西班牙陸路邊境管制，導致經西班牙入境的國際遊客數量大幅下降。葡萄牙－西班牙的邊境管控，使得前往在西班牙的遊客數量減少（樣本 Re01、02、05）。

（三）服務（services）

　　1.遊客住宿設施的國際遊客接待量減少，住宿過夜率大幅下跌至谷底，旅遊收入減少（樣本 Re01、02、03、05、06、07）。

　　2.限制令對餐飲和文娛、購物以及旅遊資源等設施的管控，導致葡萄牙旅遊供給面供應嚴重不足（樣本 Re05）。

　　3.疫情影響下防疫政策的嚴格把控，葡萄牙旅遊從業人員數量減少，旅遊服務業員工面臨大量失業，相關企業商號店鋪面臨暫停營業或宣布倒閉，旅遊設施供應面數量大量減少（樣本 Re06、07、10）。

　　4.葡萄牙國家的補救政策挹注，旅遊從業人員失業率逐漸放緩（樣本 Re06、07、09）。

　　5.住宿、娛樂、出行、餐飲、購物是旅行活動的重要組成，在疫情發生後，葡萄牙的旅遊設施、旅遊資源、旅遊服務都相應減少或暫停服務，無法創造收入。隨著疫情逐步趨緩及政府相關防控措施的放寬，對住宿、餐飲等行業的影響依然很大，短時間內無法恢復到原先水平（樣本 Re06、07、08、10）。

（四）資訊（information）

　　1.拜疫情防控措施之賜，旅遊相關服務的線上需求大幅提高，包括產品銷售、購物、餐飲等服務都轉型以線上方式進行，連帶提供上述線上化服務所需的軟、硬體設備必須一併提升，加速了產業的科技革新腳步（樣本 Re05、06、07、08、09、10）。

　　2.許多旅遊景點紛紛推出線上虛擬實境參觀（online virtual tour），持續提供景點的線上導覽服務（樣本 Re05、06、08、10）。

　　3.疫情加速了葡萄牙的旅遊設施經營方式革新，更多利用網路銷售

（樣本 Re05、06、07、08、10）。

4.相關商家更加重視提供產品銷售的電子商務服務，包括了線上訂購、電子支付等，使之更加完善和便利（樣本 Re05、06、08、10）。

（五）促銷（promotion）

1.疫情初期葡萄牙急於恢復入境旅遊活動，過早開放邊境反而造成病毒株變異疫情迅速傳入葡萄牙，導致葡萄牙國內疫情升溫，更不利於旅遊業復甦（樣本 Re01、02、03）。

2.國際遊客減少後，以遊客為導向的旅遊商品（如蛋塔、沙丁魚罐頭、紀念品、手信類等）供給量隨需求大幅降低（樣本 Re05、06、07、08、09、10）。

3.遊客群體發生變化，原本以入境遊客為主的市場轉變為以國內遊客、本地居民為主；連帶遊客的需求也有所不同，旅遊設施供給面提供的產品和服務就要做出相應的調整，來迎合新的遊客群體的需求，或者創造新的旅遊產品和服務吸引新客群（樣本 Re05、06）。

經由上述的訪談採集，可發現 Covid-19 新冠疫情發生前後，葡萄牙旅遊市場需求面的變化，經對訪談內容分析後，大致發現以下情形：

（一）遊客旅行動機方面

1.葡萄牙在疫情初期宣布進入國家緊急狀態，使 2020 年 3-5 月國內旅遊市場需求面基本停滯（樣本 Re01、02、03、05、06、07）。

2.葡萄牙境內公共交通未被嚴格限制，從需求面為國內旅遊提供有利機會（樣本 Re05、06、07、08）。

3.從總體數量上看，2020 年葡萄牙旅遊市場遊客數量大幅下降，因疫情導致公共交通需實施防疫相關措施，相關的不便導致葡萄牙部分人群的出行意願降低，在需求面產生了對旅行動機意願的負面影響（樣本 Re01、02、04）。

4.在疫情發生後，遊客數量和種類都發生大幅度的變化，旅遊需求主體發生改變。入境遊客受到因疫情防控的相關邊境管制措施，無法順

利入境，入境遊客的需求面轉趨於零（樣本 Re01、02、03、05、06、07）。

5.在疫情發生後，遊客數量和種類都發生了大幅度的變化，旅遊需求主體發生改變。葡萄牙人出境旅遊活動受到他國疫情防控相關的邊境管制措施，導致無法出境；葡萄牙人的旅遊需求因而轉往國內市場，葡萄牙旅遊市場的客源從西班牙、法國、英國、德國等入境遊客轉變為葡萄牙本國遊客，使得葡萄牙的國內旅遊因而得到發展，人們在無法進行國際間和遠距離移動的條件下，選擇國內城市或周邊地區進行旅遊和放鬆（樣本 Re01、02、03）。

6.由於當時疫情狀況相對穩定良好，2020 年葡萄牙曾在夏天出現旅遊旺季，旅遊市場需求面獲得提升，有利於葡萄牙旅遊業發展困境獲得短暫緩解（樣本 Re06、07、09）。

7.葡萄牙人旅遊需求面因無法出境旅遊出現轉變，國內旅遊和「慢速旅行」更受青睞[13]，同時更加偏好選擇前往自然資源的旅遊設施及目的地（樣本 Re05、06、07、09、10）。

（二）遊客對商品和服務的經濟支付能力方面

1.葡萄牙主要遊客客群從入境遊客變為國內遊客後，由於本國遊客旅遊消費的習慣與入境旅客有顯著不同，原本以遊客為導向的旅遊商品需求出現改變，本國遊客的旅遊消費偏好更重於生活消費的需求面（樣本 Re05、06、07、08、09）。

2.在疫情期間，遊客的消費能力轉趨於保守，原因或許與葡萄牙遊客消費力，以及在疫情期間經濟大環境不佳的消費者預期心理有關（樣本 Re08、10）。

（三）遊客出行的時間和身心能力方面

---

[13] 人們不再選擇進行匆忙的旅途，而是選擇沿著優美的風景，和家人朋友一起放鬆悠閒的進行「慢速旅行」。

1.由於 2020 年上半年葡萄牙的防疫政策初具成效，使葡萄牙旅遊業在該年夏季曾迎來一波短暫的旅遊旺季需求（樣本 Re01、02、03）。

2.葡萄牙民情與亞洲國家不同，民眾對於疫情的看待方式和採取的防護態度不同（樣本 Re06、07、09、10）；旅遊經濟復甦雖然刻不容緩，但過度急於放鬆防疫管制，導致疫情反覆，反不利於旅遊業復甦（樣本 Re01、02、03）[14]。

3.疫情期間遊客在進行旅遊時，無論是選擇出行地點、出行方式、出行活動甚至出行人員，都更加注重旅遊安全和健康。大多數遊客會避開不選擇人流聚集處、公共場所和高危地區進行旅遊（樣本 Re05、06、07、09、10）。

五、結　語

葡萄牙作為高度依賴旅遊業的國家，Covid-19 新冠疫情在葡萄牙真正從 2020 年 3 月開始到 2020 年 11 月大規模爆發，葡萄牙當局採取的一系列舉措中，影響最大的是航班限制令和居家限制令，限制了出入境遊客的自由往來和國內居民的自由出行，葡萄牙旅遊市場環境發生巨變，對其旅遊經濟產生持續且重大的影響。綜合前述的分析與驗證，大致歸納出以下結論：發現當 Covid-19 新冠疫情此類國際公衛緊急事件到來，

---

[14] 有多位中國受訪者提到，認為葡萄牙官方和社會大眾對於疫情的態度和採取的作法，是較為不積極、不嚴謹的，政府部門不夠重視和急於放寬防控措施，民眾的配合意願不高，都是導致 2020 年葡萄牙疫情反覆未能壓制的原因，這些因素都不利於葡萄牙旅遊業復甦。葡萄牙之所以能在 2020 年夏季短暫的放開國際和過內的旅遊業，是因為在第一階段的疫情防控中有良好的成效，這離不開政府部門的重視和管控，還有人民的配合。但是，由於葡萄牙迫於政策帶來的經濟壓力和群眾的逆反心理，不得不放寬政策，而這恰恰為 2020 年冬季的疫情反彈埋下伏筆；境內防疫政策鬆綁較早，導致疫情反覆，影響了重振旅遊業計畫。受訪者認為，疫情的有效防控有利於旅遊市場的復甦，但是不能過於急求求成，要在保證風險的前提條件下發展旅遊業（樣本 Re01、02、03）。

國家旅遊市場供給面中的因素將會發生變化，而需求面也會隨時發生變化。由此可以得出 Covid-19 新冠疫情對旅遊經濟的影響可以體現在三個方面：旅遊供給變化、旅遊需求變化、旅遊供求雙方相互影響而變化。

從相關的研究以及實證的訪談，都認為 Covid-19 新冠疫情使得葡萄牙旅遊經濟遭受負面影響。從大部分受訪者的反饋，大致認為葡萄牙政府當局採取的疫情防控政策是積極的作為；然而部分受訪者認為葡萄牙 2020 年冬季所爆發新一波疫情反覆，是因為急於鬆綁防疫的旅行限制，力圖盡快復甦旅遊業，受訪對象認為這在做法上是操之過急。顯然，大多數受訪者同意防疫政策和旅遊經濟之間的存在著顯著的關聯性。

從 COVID-19 新冠肺炎全球疫情，可以看到國際公衛緊急事件對於旅遊經濟所造成的影響，是無法事前預知，且可能持續較長的一段時間。有鑑於旅遊產業面臨旅遊危機時脆弱、敏感的本質，各國旅遊主管部門和相關旅遊企業未來應更加積極加強危機意識，超前部屬對突發性危機事件的應對及避險作為進行研究，通過政府、社會、企業組織及個人之間的良好耦合發展，積極共同度過危機。

✑ 參考文獻

德村志成（2002）。中國國際旅遊發展戰略研究。北京：中國旅遊出版社，67-70。

侯國林（2004）。SARS 型旅遊業危機及危機後旅遊業發展新思維。南京師大學報（自然科學版），27(3)，97-100。

李卉妍、王浩（2009）。旅遊經濟學。北京：電子工業出版社。

李文亮、翁瑾、楊開忠（2005）。旅遊系統模型比較研究。旅遊學刊，20(2)，20-24。

劉軼民（2010）。危機型突發事件應對與挑戰。中國安全生產科學技術，6(1)，8-12。

王家駿（1999）。旅遊系統:整體理解旅遊的鑰匙。無錫教育學院學報，19(1)，66-69。

吳必虎（1998）。旅遊系統對旅遊活動與旅遊科學的一種解釋。旅遊學刊，(1)，20-24。

楊新軍、劉家明（1998）。論旅遊功能系統－市場導向下旅遊規劃目標分析。地理學與國土研究，14(1)，59-62。

Allen T., Murray, K. A., Zambrana-Torrelio, C. Morse, S. S., Rondinini, C., Di Marco M., Breit N., Olival, K. J., & Daszak, P. (2017). Global hotspots and correlates of emerging zoonotic diseases. *Nature Communications*, 8(1), 1-10. DOI:10.1038/s41467-017-00923-8

EU (2021). *The impact of the COVID-19 outbreak on the tourism and travel sectors in Portugal: Recommendations for maximizing the contribution of the European Regional Development Fund (ERDF) and the Cohesion Fund (CF) to the recovery*. European commission.

Eurostat (2021). *Nights spent at tourist accommodation establishments- monthly data*. Retrieved on 2021.04.15 from: https://appsso.eurostat.ec.europa.eu/nui/show.do?dataset=tour_occ_nim&lang=en

Gössling, S., Scott, D. & Hall, C. M. (2002). Pandemics, Tourism and global change: A rapid assessment of COVID-19. *Journal of Sustainable Tourism*,

29(5), 1-22.

Gunn, C. A. & Turgut, Var (2002). *Tourism Planning: Basics, Concepts, Cases.* New York: Routledge.

Gunn, C. A. (1988). *Vacationscape: Designing Tourist Regions* (2nd Ed.). New York: Van Nostrand Reinhold.

Governo da República Portuguesa (2022). *Portugal once again Best Tourism Destination in Europe.* News 2022.10.03. Retrieved on 2022.10.28 from: https://www.portugal.gov.pt/en/gc23/communication/news-item?i=portugal-once-again-best-tourism-destination-in-europe

Hall, C. M. (2010). Crisis events in tourism: subjects of crisis in tourism. *Current Issues in Tourism*, 13(4). 401-417.

Hall, C. M., Scott, D. & Gössling, S. (2020). Pandemics, transformations and tourism: be careful what you wish for. *Tourism Geographies*, 22(3), 577-598.

Hall, C. M. (1996). *Tourism and Politics- Policy, Power and Place.* Hoboken, NJ: Wiley and Sons Ltd.

Higgins-Desbiolles, F. (2020). Socialising tourism for social and ecological justice after COVID-19. *Tourism Geographies*, 22(3), 610-623.

Hodgkinson, P. E. & Stewart, M. (1991). *Coping with Catastrophe: a Handbook of Disaster management.* London: Routledge.

IAEA. (2011). *Fukushima Nuclear Accident.* Retrieved on 2021.04.27 from: https://www.iaea.org/newscenter/focus/fukushima

INE (2020a). *Tourism trips of Residents declined by 59.1% domestically and baRely existed (-98.5%) to destinations abroad- 2nd Quarter 2020.* Retrieved on 2021.04.15 from: https://www.ine.pt/xportal/xmain?xpid=INE&xpgid=ine_destaques&DESTAQUESdest_boui=415331261&DESTAQUEStema=5414335&DESTAQUESmodo=2

INE (2020b). *Tourism.* Retrieved on 2021.04.15 from: https://www.ine.pt/xportal/xmain?xpid=INE&xpgid=ine_destaques&DESTAQUESpagenumber=2&DESTAQUEStema=5414335

INE (2020c). *Tourist activity kept a strong Reduction in June, but less intense than in May due to Residents - June 2020*. Retrieved on 2021.04.15 from: https://www.ine.pt/xportal/xmain?xpid=INE&xpgid=ine_destaques&DESTA QUESdest_boui=415253549&DESTAQUEStema=5414335&DESTAQUES modo=2

INE (2020d). *Tourist activity kept Recovering in august, but still Recording decReases over 40% in guests and overnight stays - August 2020*. Retrieved on 2021.04.15 from: https://www.ine.pt/xportal/xmain?xpid= INE&xpgid= ine_destaques&DESTAQUESdest_boui=415255061&DESTAQUEStema=5 414335&DESTAQUESmodo=2

Jafar Jafari (2000). *Encyclopedia of Tourism*. London and New: Routledge.

Leiper, N. (1989). *Tourism and tourism systems*. Occasional Oaper No.1, Palmerston North: Department of Management Systems, Massey University.

Mair, S. (2020). What will the world be like after coronavirus? *Four possible futures*. Retrieved on 2021.04.27 from: https://theconversation.com/what-will-the-world-be-like-after...d=IwAR2wr9pzssSdBSxjaHaWba9-iHSF3flYgZ9BVI1jAx_Y4YlXVAImcJcNdjM

Radic, A., Law, R., Luck, M., Kang, H., Ariza-Montes, A., Arjona-Fuentes, J. M. & Han, H. (2020). Apocalypse now or overreaction to Coronavirus: the global cruise tourism industry crisis. *Sustainability*, 12(17), 1-19.

Robert Lanquar (1981). *Le Tourisme International*. Paris: Presses universitaires de France.

López, Ana M. (2022). Leading countries of origin among international visitors in Portugal in 2021. *Main countries of origin for inbound tourism in Portugal 2021 by Statista*. Retrieved on 2022.10.29 from: https://www.statista.com/statistics/446985/leading-international-travel-markets-for-portugal/

Sigala. M. (2020). *Tourism and COVID-19: Impacts and implications for advancing and resetting industry and research*. Retrieved on 2021.04.27from: https://www.ncbi.nlm.nih.gov/pmc/articles/PMC7290228/

Smith, S. L. J. (2004). The Measurement of Global Tourism: Old Debates, New

Consensus, and Continuing Challenges. In A. A. Lew, C. M. Hall & A. M. Williams (eds.), *A Companion to Tourism*. Oxford: Blackwell.

UNWHO (2020a). *WHO Director-General's statement on IHR Emergency Committee on Novel Coronavirus (2019-nCoV)*. Retrieved on 2021.03.05 from: https://www.who.int/director-general/speeches/detail/who-director-general-s-statement-on-ihr-emergency-committee-on-novel-coronavirus-(2019-ncov)

UNWHO (2020b). *Novel Coronavirus (2019-nCoV) Situation Report-22*. Retrieved on 2021.03.05 from: https://www.who.int/docs/default-source/coronaviruse/situation-reports/20200211-sitrep-22-ncov.pdf?sfvrsn=fb6d49b1_2

UNWHO (2020c). 2019 冠狀病毒病（COVID-19）及其病毒的命名。Retrieved on 2021.03.05 from: https://www.who.int/zh/emergencies/diseases/ novel-coronavirus-2019/technical-guidance/naming-the-coronavirus-disease-(covid-2019)-and-the-virus-that-causes-it

UNWHO (2020d). *WHO Director-General's opening remarks at the media briefing on COVID-19 - 11 March 2020*. Retrieved on 2021.03.05 from: https://www.who.int/director-general/speeches/detail/who-director-general-s-opening-remarks-at-the-media-briefing-on-Covid-19---11-march-2020

UNWTO (1980). *Manila Declaration on World Tourism. Madrid: World Tourism Organization*. Retrieved on 2021.04.05 from: https://www.e-unwto.org/doi/pdf/10.18111/unwtodeclarations.1980.01.01

UNWTO (2003). *Crisis guidelines for the tourism industry*. Retrieved on 2021.04.05 from: http:// www.World-tourism org /2003 -6-20-9-520

UNWTO (2020). *International Tourism and Covid-19*. Retrieved on 2021.04.05 from: https://www.unwto.org/international-tourism-and-Covid-19

UNWTO (2021a). *Tightened Travel Restrictions Underline Current Challenges for Tourism*. Retrieved on 2021.04.05 from: https://www.unwto.org/news/tightened-travel-restrictions-underline-current-challenges-for-tourism

WHO (2003). *Coronavirus never before seen in humans is the cause of SARS*. Retrieved on 2021.04.27 from: https://www.who.int/mediacentre/news/releases/2003/pr31/en/

WTCF (2020). 世界旅遊經濟趨勢報告（2020）.Retrieved on 2021.04.27 from: https://cn.wtcf.org.cn/news/lhhxw/wzxw/202001104427873.html

WTO (2007). *Trade in commercial services by category*. Retrieved on 2021.04.27 from: https://www.wto.org/english/res_e/statis_e/its2010_e/its10_trade_category_e.htm

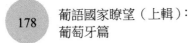

Chapter
6

葡萄牙高等教育國際化策略模型研究：以 Erasmus 計劃落實情況為例

Research on the Strategy Model of Portuguese Higher Education's Internationalization: The Example of the Erasmus Project Implementation

吳玉嫻、左覃韌

Yuxian Wu, Qinren Zuo

本章提要

　　高等教育國際化是高等教育行業為了應對全球化所採取的改革措施，其體現在教學科研合作、學生與教職人員交流等方面。葡萄牙在發展高等教育國際化方面有著較為顯著的優勢，其國內的各大高校是葡語國家中重要的教育和人文中心，而加入歐盟也為其發展提供了更廣闊的空間。同時，高等教育國際化也是葡萄牙融入歐洲一體化的重要工具。本次研究通過歸納總結葡萄牙在推動 Erasmus 計劃於本國發展時所採取的策略，在分析葡萄牙高等教育國際化的各項驅動因素的基礎上，構建了葡萄牙執行 Erasmus 計劃的策略模型，並進一步提出了 Erasmus 推動葡萄牙高等教育國際化發展示意圖。

關鍵詞：高等教育國際化、葡萄牙、高等教育、Erasmus 計劃

Abstract

　　The internationalization of higher education is a reform measure taken by the higher education industry in response to globalization, which is reflected in teaching and research cooperation, and exchanges between students and faculty. Portugal has obvious advantages in developing the internationalization of higher education. Its domestic universities are important educational and humanistic centers in Portuguese-speaking countries, and joining the European Union also provides a broader space for its development. At the same time, the internationalization of higher education is also an important tool for Portugal to integrate into European integration. In this study, by summarizing the strategies adopted by Portugal in promoting the development of the Erasmus plan in the country, and on the basis of analyzing various driving factors of the internationalization of Portuguese higher education, a strategy model for implementing the Erasmus plan in Portugal was constructed, and further proposed schematic diagram of Erasmus promoting the internationalization of Portuguese higher education.

Key Words: Internationalization of Higher Education, Portugal, Higher Education, Erasmus

一、前　言

　　高等教育國際化不僅促進了全球高等教育行業在教學與科研方面的合作，同時也推動著世界各國之間在政治、經濟和文化上進行更多的交流。高等教育國際化之於學生個體而言，將有助於其在學業和職業生涯上的發展，並在一定程度上為其提供更多教育資源和實習機會方面的選擇。換句話說，高等教育國際化也可視作優化高等教育資源分配的平台。在諸多高等教育國際化的計劃當中，歐洲的 Erasmus 計劃是一個非常成功的案例。Erasmus 計劃以促進整個歐洲形成共同的身分認同和提升歐洲高等教育系統的國際化水準為目標，為歐洲各大高校的師生流動創造了更多的有利條件。

　　歐洲一體化是 Erasmus 計劃發展的重要保障。歐洲一體化進程始於二十世紀 50 年代。1951 年，德國、比利時、法國、荷蘭、義大利和盧森堡六國成立了歐洲煤鋼共同體，六年之後共同簽署《羅馬條約（Treaty of Rome）》，並建立了歐洲經濟共同體和歐洲原子能共同體。1967年，歐洲委員會、歐洲部長理事會和歐洲議會成立，為未來的歐盟成立構建了框架（Vale, Cachinho & Morgado, 2018）。四年之後，歐洲委員會組建了專門的辦事機構負責這一領域，其具體職責為協調相關工作並規劃未來教育發展所必備的政治基礎，而當時各成員國的教育部門也一致認可教育合作的必要性（Cunhas & Santos, 2017）。

　　1972 年 7 月 19 日，比利時前教育部長、著名的歐洲學家 Henry Janne 教授應歐洲委員會之邀，制定了應用於歐洲層面的教育政策之原則，並將其命名為「For a Community policy on education」。該報告是首批對歐洲教育合作展開的學術研究，其結論認為教育政策應當屬於歐共體的職權範疇，但亦當尊重各國現有的教育體系和傳統；應當重視歐洲非歐共體國家的參與；共同的教育政策應是長期且有預見性的，並且歐共體應在協調各國政策的基礎上對其進行補充（Cunhas & Santos, 2017）。1974 年，歐洲第一份服務於政治層面的教育報告（L'éducation dans la Communauté européennene）制定，該報告討論了一系列關於交換、學歷互認、校際合作和語言學習等問題（Cunhas & Santos, 2017）。1976 年，時任比利時首相的 Tindemans 則在對歐洲理事會的報告中指出應該通過促進學生流動、推動教育一體化來賦予歐洲人對歐洲的未來「更具個性化和具象化的視角，並使其更了解我們的語言與文化」（Tindemans, 1976）。1984 年，歐洲理事會的「on a people's Europe」強調總結了之前各項報告的結論，並重申學歷互認、校際合作和學生交流等工作的重要性（Cunhas & Santos, 2017）。

　　這一系列的措施都有著同樣的願景與目標，即賦能歐洲教育事業的一體化，而其中最具決定性的進展便是 Erasmus 計劃的成立。1985 年，時任歐洲委員會教育專員的 Peter Sutherland 提出 Erasmus 計劃，並提交歐洲議會審議和討論，但提案並未得到歐洲議會成員國的支持。此時的歐共體仍以經濟發展為主，僅把教育發展作為其職能之一，且發展教育產業並不在大多數成員國的計劃之中。考慮到單純在教育方面難以推進，於是歐共體將論證的重心放在了大學教育對增強工作能力的作用上，因為促進就業是歐共體一系列條約中的核心內容。但是，一些成員國對於介入教育政策仍持保留態度。因此，在經過必要的政　治與經濟準備之後，該方案終於在 1987 年 6 月 16 日獲得通過（Cunhas & Santos, 2017）。

　　自 Erasmus 計劃於 1987 年創立以來，葡萄牙便積極參與其中。在三十餘年的時間裏，共有超過 11 萬的學生享受到了這一計劃為他們提供的機會（Vale, Cachinho & Morgado, 2018）。2020 年，葡萄牙在參與該計劃的學生總數排名中位列第九（European Commission, Directorate-General for Education, Youth, Sport & Culture, 2021）。而在校際層面，超過 100 所葡萄牙高校融入到了 Erasmus 計劃中，並與歐洲其他高等教育機構建立了密切的合作（Vale, Cachinho & Morgado, 2018），這不僅極大地提高了他們的知名度，也為其自身的教育和科研工作起到非常積極的作用，使得葡萄牙的高校能夠在歐洲大學計劃中占有一席之地，也更好地融入了歐洲一體化進程。因此，積極融入 Erasmus 計劃是葡萄牙發展高等教育國際化的一大重要舉措，並且在其中也取得了較為突出的成績。

1974 年「四二五革命」之後，葡萄牙革命政權為增強自身合法性，致力制定新的教育政策，同時以扭轉「新國家」時期愚民政策。因此，教育在各項公共政策中擁有著非常重要的地位，也成為推動國家融入歐洲一體化和促進經濟發展的引擎。所以，如何提高勞動力品質以及適應經濟形勢的要求就成為了教育發展的核心問題，並以此為基礎推動著更全面的教育改革。1976 年，隨著新的共和國憲法出台，教育政策在經過一段時間的混亂之後也開啟了正常化進程。在保證教育機構意識形態中立化的名義下，新的教育政策尋求重啟因革命而停滯的工作以及確定新的發展戰略，其目標為提升教育品質，增強勞動力素質，同時將教育現代化的重心放在了融入歐共體上（Teodoro, Galego & Marques, 2010）。另一方面，葡萄牙也爭取到了世界銀行大量的技術與資金援助，積極推動職業教育的發展。

當前，葡萄牙的高等教育國際化發展有著諸多有利條件和優勢。首先，全世界有超過 2.5 億人使用葡萄牙語，以葡萄牙語為官方語言的國家與地區遍布五大洲，而將葡萄牙語作為外語學習的人數在近十年也有著顯著增長，並將在可預見的未來保持強勁的增長勢頭。這不僅有利於葡萄牙在文化方面接收和傳播，更促進其進行科研和教育上的溝通與合作（Guerreiro, 2015）。另一方面，據聯合國統計（de Dakar, 2014），除了葡萄牙，其他葡語國家有著大量的青年人口，但是其高等教育資源卻相對不足。因此，葡萄牙憑藉與這相近的文化環境和相同的語言，有機會吸引到其他葡語國家對高等教育有需求的學生前來就讀（Guerreiro, 2015）。其次，葡萄牙在外交上十分重視與其有著良好歷史往來的國家進行合作，例如拉丁美洲國家、印度、馬來西亞和中國（Guerreiro, 2015），這也為葡萄牙在歐盟和葡語國家共同體框架之外開闢高等教育國際化的發展空間創造了有利環境。

現今，葡萄牙共有包括綜合類大學和理工學院（Instituto Politécnico）在內的 100 所高等教育機構參與到 Erasmus 計劃裡（Vale, Cachinho & Morgado, 2018）。這體現了 Erasmus 計劃在葡萄牙所取得的成功和其對於葡萄牙高等教育發展的重要程度。葡萄牙的高校學生和教職人員總共參加了大約 1,700 個 Erasmus 的計畫，分布於 850 所各類

院校，略低於參與 Erasmus 的高等教育機構總數的一半（Vale, Cachinho & Morgado, 2018）。2019 年，總共有 24,454 人參與了在葡萄牙進行的總計 419 項各類交流活動（European Commission, Directorate-General for Education, Youth, Sport & Culture, 2020）。葡萄牙與世界大學學術排名前 500 名高校中的 191 個歐洲高等教育機構建立了在 Erasmus 框架內的交流合作關係（Vale, Cachinho & Morgado, 2018）。

2014 年至 2018 年間，超過 7.2 萬名學生和教職人員赴其他計劃成員國參加交流學習（European Commission, Directorate-General for Education, Youth, Sport & Culture, 2020）。在高等教育領域中，有三分之一的學生參與者進入了歐洲頂尖高校，保證了交流活動的質量，也凸顯了 Erasmus 計劃對葡萄牙高等教育起到的資源優化作用，使學生可以擁有更多享受優質教育資源的機會（Vale, Cachinho & Morgado, 2018）。

實習交流（Student Mobility for Traineeships, SMT）方面，葡萄牙的各類機構和組織的參與數也有增加，2015 年共有 1,100 餘家企業和社會組織參與；參加的學生分布於超過 1,700 所高等教育機構和各類組織（Vale, Cachinho & Morgado, 2018）。2018 年，葡萄牙有 2,894 名學生參與實習交流，占總交流人數的 27%。單就數量而言，葡萄牙在這一計畫中排名第十，排名高於除波蘭外的其他東歐成員國，但在西歐與南歐中排名比較靠後（European Commission, Directorate-General for Education, Youth, Sport & Culture, 2020）；在教職人員交流方面，共有超過 450 所高校接受了來自葡萄牙的參與者，但 2018 年參與實習交流的教職人員數量僅有 963 人，排名第十六名（European Commission, Directorate-General for Education, Youth, Sport & Culture, 2020）。因此，在實習交流方面，Erasmus 計劃在葡萄牙的發展並不樂觀。

葡萄牙接收了所有成員國的參與學習交流或實習交流的學生。2018 年，葡萄牙在學習交流和實習交流中總共接收了 15,957 名學生，排在所有成員國中的第八位（European Commission, Directorate-General for Education, Youth, Sport & Culture, 2020）。

在學生的交流方面，葡萄牙在 2018/2019 學年的接收人數明顯多於輸送人數，其數量分別是 16,210 人和 10,430 人（European Commission,

Directorate-General for Education, Youth, Sport & Culture, 2020）。這一現象證明了葡萄牙高等院校的品質與吸引力，以及其他有利於吸引留學生的社會因素，例如較為低廉的生活成本、良好的治安、豐富的文化和休閒活動、宜人的自然環境等等。這也證明了 Erasmus 計劃對於葡萄牙在高等教育國際化中吸引留學生方面非常重要。這不僅為各大參與的高校提供了更多的財政支持，同時也為其豐富了多元文化元素；但在另一方面，輸送人數和接收人數之間較為明顯的差距也說明了 Erasmus 計劃在葡萄牙的推廣工作有必要繼續加強，從而更好地調動學生的積極性。

在教職人員的交流方面，其輸送與接收的人數仍存在一定的失衡，其比率在 50%左右（Vale, Cachinho & Morgado, 2018）。這說明葡萄牙的高等教育機構在這方面的總體態度較為保守，但理工院校在此方面的表現比大學更為積極（Vale, Cachinho & Morgado, 2018）。這也從側面說明了 Erasmus 計劃可以從一定程度上起到平衡教育資源的作用，促進葡萄牙綜合類大學和理工學院協同發展。

與其他人口數量相近的計劃成員國比利時、捷克、希臘、奧地利和匈牙利進行對比，在 2019 年，葡萄牙是上述國家中對教育撥款最多的，同時在輸送和接收學生數量上遙遙領先（European Commission, Directorate-General for Education, Youth, Sport & Culture, 2020）。就 2019 年 GDP 總量數據來看，Erasmus 計劃成員國中與葡萄牙相近的有捷克、希臘、芬蘭和羅馬尼亞（OECD, 2020），其中，葡萄牙的參與人數和撥款總額僅次於羅馬尼亞（European Commission, Directorate-General for Education, Youth, Sport and Culture, 2020）。並且，在以上七國中，葡萄牙的計畫總數位居第一，但在計畫、學生和教職人員平均撥款上全面落後，僅在計畫平均撥款和教職人員平均撥款這兩個指標上分別高於奧地利和芬蘭（European Commission, Directorate-General for Education, Youth, Sport & Culture, 2020）。另一方面，在 Quacquarelli Symonds（QS）世界大學排名中，這七個國家共有 16 所大學排名高於葡萄牙排名最高的里斯本大學之前，其中，比利時有六所，奧地利和芬蘭各有四所，捷克有兩所。葡萄牙共有四所高校排名進入前 500 名，數量多於捷克、希臘和匈牙利，少於比利時和奧地利。但值得注意的是，葡萄牙擁有七國中唯一

一所 QS 之星大學－5 星的科英布拉大學（QS Top Universities, 2020）。由此可見，在歐洲中等收入國家中，葡萄牙對高等教育國際化的投入力度明顯處於前列，且擁有著具備良好品牌形象的知名高校。從交流人員數量這一維度來看，葡萄牙的高等教育國際化程度同樣很高。同時，在 Erasmus 計劃中高參與人數和計畫數，低平均數的局面也從側面說明葡萄牙的高等教育國際化正處於快速發展階段，但發展的品質仍有較大的提升空間且惠及面也有待擴大。

　　然而，以 Erasmus 計劃為代表的高等教育國際化却給葡萄牙自身的高等教育體系帶來了許多衝擊。首先，人員頻繁的跨國交流活動勢必要加強英語在科研和教學中的普及，這不可避免地會對葡萄牙語在歐洲和全球的推廣造成一定程度上的阻礙，尤其是會影響到葡語國家之間以語言而結成的紐帶。其次，葡萄牙的高等教育國際化發展，在很大程度上是以歐盟標準為準繩的，這會對其在與葡語國家進行高等教育合作的准入方面造成一些限制。最後，由於葡萄牙在此方面對個體和高校的資金支持並不十分充足，故容易導致在高等教育中出現「馬太效應」，即大城市的高校可以憑藉自身在國際化環境中的區位優勢，吸引到更多教育資源，而內陸地區的高等教育機構則不然。對個體而言亦是同理。

　　總的來說，Erasmus 計劃的普遍認可是葡萄牙高校、學生和教職人員實現國際化發展的重要工具。對高校來說，參與 Erasmus 計劃使其知名度得以提高，同時為其提供了更多拓展科研、教學合作，有助於其在歐洲範圍內增強競爭力；對於個體而言，Erasmus 計劃為其獲得更多的知識與技能和培養跨文化思維搭建了便利的平台，從而增強其就業能力，激發他們前往其他歐洲國家生活和工作的慾望，並為融入歐洲勞動力市場做好充足準備。Vale（2018）所做的問卷調查顯示絕大多數受訪者認為 Erasmus 計劃在建立校際合作網絡方面起到了槓桿作用。即使在具體的交流人數上還未達到平衡，許多專業領域上還有待開拓，但必須肯定的是，Erasmus 計劃為葡萄牙高校在參與國際科研計畫和多邊課程計畫的設計、發展和交流上，做出了極大的貢獻。對學生和教職人員來說，交流活動除了科研給他們帶來能力上的提升，還幫助他們拓展人際關係，提高他們在勞動力市場中的競爭力。其中，對教師帶來的影響更

加明顯，他們可以加入國際性的科研團隊，出任客座教授講、與團隊成員共同指導論文，或者加入期刊評審委員會。學生與教職人員作為 Erasmus 計劃的最直接參與者和受益者，他們的反饋對於計劃的發展至關重要。而他們選擇參與計劃的最大動機是促進個人未來的職業發展（Vale, Cachinho & Morgado, 2018）。因此，Erasmus 計劃在葡萄牙的發展應該強調其自身的國際性、學術性和專業性，並在計畫設置上積極滿足葡萄牙學生和教職人員的職業發展需求。同時，Erasmus 為實現促進歐洲知識經濟發展的目標，也需要鼓勵參與者為學術上的進步做出貢獻。而這除了要依靠 Erasmus 計劃自身的努力之外，還需要高等教育部門對評價體系進行有針對性的調整從而引導創新，以及適當提高國際化經歷在對師生評價中的比重。同時，加強與企業和社會組織的合作，為新知識、新技術的應用打通渠道。

二、文獻綜述

Knight（2006）認為：「動因是指一個國家、部門或高等院校對國際化進行投資的驅動力，反映在政策制定、國際交流專案開發和專案實施等層面，支配著人們對國際化帶來的利益或成效的期望。」

1997 年，Knight 與她的老師 Hans de Wit 通過研究，將高等教育國際化的動因分為社會文化、政治、學術和經濟這四種維度和 19 種具體的動因，並將之歸類，構建了一個高度系統性的高等教育國際化動因理論體系。他們還指出，高等教育國際化在不同時期被不同的動因所主導（Knight & Wit, 1997）。高等教育的國際化推廣原先被當作文化援助或文化計畫，但在二十世紀 80 年代後，隨著經濟全球化和市場化的流行，逐漸有了更多的商品屬性，因此占據主導地位的政治動因開始慢慢讓位與經濟動因（李盛兵，2013）。Knight 提出的高等教育國際化四維度動因理論框架大獲成功，為這一領域的研究奠定了重要的基礎，之後被各個國家的相關學者廣泛引用。

　　2005 年，Knight 教授鑒於原有理論框架已不足以區分各種動因在國家、部門和高校的相互作用，便提出了一個全新的動因框架，將之分為國家與高校兩個層面以及 11 種動因。國家層面動因分別是：人力資源發展、戰略聯盟、創收／商業貿易、國家建設／院校建設、社會／文化的發展與相互理解。高等院校層面的動因則包括：國際形象與聲譽、品質提高／國際標準、經濟創收、學生和教職工的發展、戰略聯盟、科研與知識產品（Knight, 2005）。這一理論模型標誌著高等教育國際化動因理論的正式形成。這種分類方式從高等教育國際化中主要的參與主體出發，深入分析了各主體開展國際化的動力，而它們各自的利益取向也決定其動因之間的差異性。

　　2007 年，Knight 與美國當代著名比較教育學家、波士頓學院的 Altbach 教授基於世界貿易組織框架下共同發表文章，以貿易自由為主題的時代背景，從國際化和全球化的區別於各自的定義入手，深入地分析了高等教育國際化發展的動機，從而揭示了高等教育國際化進程的發展規律及其現狀。根據文中的理論，高等教育國際化的動機可大致分為七種，針對高校和機構的是：獲取利潤、提升競爭力和聲譽、深化和其他高校的合作；針對國家或行業的是：推動區域一體化、提升政治影響力、提升高等教育品質；針對個體而言則是：尋求更好的教育資源（Altbach & Knight, 2007）。

　　高等教育國際化策略模型對於了解各個國家和各大高校的高等教育國際化進程有著非常大的幫助。關於策略模型的研究從一開始過於強調管理，到運用系統論和利益相關者理論進行深入的剖析，取得了顯著的成果。然而就整體而言，目前的研究在方法和理論基礎方面依然存在一定欠缺，國際化速度尚未得到重視。

　　高等教育國際化策略模型可大致分為兩類：以組織結構為基礎的理論模型和以組織過程為基礎的實踐模型。

　　以組織結構為基礎的理論模型以 Davies 模型和 Rudzki 模型為代表。Davies（1992）率先將「規劃」理念引入到了高等教育國際化策略模型的構建中，被視為解釋高等教育國際化組織策略的分析框架和工具。在高等教育機構和區域一體化、全球化等外部因素的互動上，

Davies 構建了極具國際化性質的策略模型：高等教育機構應該在國際化進程中清晰地表明自己的立場，既能服務於內部標準，也要給外部支持者傳遞一個基本且穩定的信念與價值。雖然該模型中的「邊緣的／中心的」維度較難找到一個清晰的量化指標來衡量，但是它的確有助於對機構當下的組織策略做出一個大致的評估，從而預測其之後的發展部方向。Davies 認為他的模型更適合用來檢測國際化的過程，而非簡單地制定新政策以在商業上進行擴張。1995 年，Rudzki 研究英國商業學院的國際化發展情況，將之歸納總結後運用其他機構的國際化上面，並以此建構了「被動模式」與「主動模式」兩個模型（Rudzki, 1995）。2000 年，Rudzki 在此基礎上創建了不規則模型，該模型中的「環境」是指國際與區域的外部環境；「路徑」是內部因素，包括組織的歷史與文化；「動因」則分為政治、經濟、文化、教育四個因素（Rudzki, 2000）。不過，不規則模型仍存在一些值得討論的地方，例如學術策略只有「課程創新」、「教職工發展」和「學生流動」，而忽視了科研在其中的作用，並且「組織變革」中涵蓋了多個措施，顯得概念較為模糊（韓穎，2019）。

以組織過程為基礎的實踐模型包括以靜態組織過程為基礎的實踐模型，以及以動態組織過程為基礎的實踐模型。研究該類模型的學者中，以動態組織過程為基礎的實踐模型的 Rumbley 三角洲循環模型較為突出。Rumbley（2007）在研究 Knight 的圓周模型後發現這個模型比較適合西班牙的情況，但是在一些關鍵點的解釋上仍有不足之處。因此，他對圓周模型做出一定的修訂與拓展，進而提出了三角洲循環模型。該模型從動因、策略和結果三方面解釋發展路徑，深度探索了高等教育機構開展國際化的必要性，如何選擇合適的策略，並且研究了國際化所取得的成果，以及這些成果對高等院校有何影響。Rumbley 還認為，模型中的機遇、應變舉措、阻抗、資源這四個外部環境因素對於西班牙高校在參與高等教育國際化方面非常關鍵。

三角洲循環模型描述了一個更加清晰且全面的高等教育國際化的決策過程，並且呈現了國際化背後的動因、成果與影響等因素的相互作用。與 Knight 的圓周模型相比，三角洲迴圈模型更強調變化，對於解釋

高等教育機構的國際化策略更有幫助。不過，其中一些因素的作用以及
影響不甚具體。例如，資源是具備相當影響的核心因素，但哪些資源可
以施加影響以及它如何施加影響在模型中並未表現出來（韓穎，
2019）。

　　2014 年 2 月 26 日，葡萄牙區域發展部副部長和教育與科學部部長
任命專項工作組以設計葡萄牙高等教育國際化戰略，其成果刊登於《葡
萄牙高等教育國際化戰略—理由與建議（Uma Estratégia Para A
Internacionalização Do Ensino Superior Português- Fundamentação e
Recomendações）》。該報告首先指出，葡萄牙高等教育國際化較好地利
用了歐盟與葡語國家共同體，以及與其他國家的文化紐帶所帶來的優勢
條件，但是整體發展情況卻不成體系，其成果也並不突出（Guerreiro,
2015）。許多高校孤立地運營著自己的計畫，沒有最大限度地調動所擁
有的資源。Vale, Cachinho & Morgado（2018）分析了 Erasmus 計劃在葡
萄牙高等教育國際化中所扮演的角色。該文章圍繞以下五個問題進行研
究：Erasmus 計劃對葡萄牙高校國際化發展的重要性；Erasmus 計劃在創
造並發展教育與培訓體系中的作用；Erasmus 體系的可持續性；Erasmus
計劃的參與者與高校在其中的獲利情況；對參與者與高校來說，Erasmus
計劃有何不足之處。該篇文章數據豐富詳實、內容涵蓋了 Erasmus 在葡
萄牙落實情況的方方面面，對了解 Erasmus 框架內的葡萄牙留學生情況
有著非常大的幫助。

三、研究發現

　　葡萄牙高等教育國際化的執行分別由歐盟、本國政府和高校三個層
面推動。歐盟負責確定整體的高等教育國際化發展方向，協調各國資源
以及搭建高等教育國際化的發展平台，例如博洛尼亞進程、Erasmus 計
劃等；對於本國政府來說，促進高等教育國際化不僅在葡萄牙的發展中
有助於其履行在博洛尼亞進程中所應負的責任，從而為歐洲一體化進程
做出貢獻。而且，通過國際化的教育來滿足學生對高等教育的多樣化需

求和為教職人員群體的職業發展提供更多機會，更會增強國家科研實力和軟實力推廣，以及提升勞動力品質。對於高校來說，積極參與高等教育國際化使其可以通過與其他高校的合作，來提升自身的教學與科研水平，創造更多元的文化氛圍，從而提高聲譽，吸引更多國際學生，進而獲得更多經濟利益。

從驅動的因素來看，政府與高校兩個層面分別是政策驅動和利益驅動。教育部門通過部長理事會等超國家治理機構，參與一系列歐盟層面的教育一體化決策，國內立法機關將高等教育國際化以法律形式確定下來，最後再由政府成立相關單位向高等教育國際化進程中各個計畫的落實提供支持，並對其進行監督與評估。

整體的高等教育國際化發展事務歸屬於高等教育考核與認證事務處管理，而 Erasmus 計劃在葡萄牙推行的相關事宜則由 Erasmus+、教育和培訓國家事務處（ANE+EF）負責。該單位是由所在國家間接管理的特派機構，該事務處受科學、技術和高等教育部，教育和勞動部，以及社會保障部聯合監管，但在繼續履行其職責方面，具有行政和財政自主權。Erasmus+、教育和培訓事務處以保障 Erasmus 計劃在葡萄牙的執行品質和有效性及拓展計劃受眾範圍為目標，在葡萄牙高等教育國際化體系中扮演著執行者、合作者和幫助者（幫助計劃申請人）的角色，其具體工作為宣傳 Erasmus 計劃、篩選申請者、協助參與計劃的個人與組織、保證計畫的透明度，以及與其他國家的事務處和歐洲委員會進行合作。

高校則是首先成立負責國際化發展的辦事部門，一方面與政府合作，另一方面與其他高校建立戰略合作夥伴關係、吸引留學生和開展宣傳活動，同時為本校參與交流的學生和來校的外籍交換生協調相關事宜、提供獎學金；在教學方面，設置更符合國際化發展需求的課程和推廣英語教學；在服務方面，為留學生解決生活上的問題提供幫助，例如住宿、稅務和居留權。

因此，可以將葡萄牙高等教育國際化的驅動因素進行總結（見圖 6-1）。歐盟政策對於葡萄牙高等教育國際化的發展方向起著主導作用。在具體實施方面，通過立法將政府和高校兩個主體的權責進行了明確的規

定，而這兩者又分別以政策和利益為驅動，共同推進高等教育國際化的發展。整體來看，葡萄牙推進高等教育國際化的邏輯十分清晰，上層邏輯為將發展高等教育國際化作為其對歐洲一體化的響應和融入其中的措施；底層邏輯則為獲取更多經濟利益，並配合國家的外交、教育和科研等相關領域的政策。

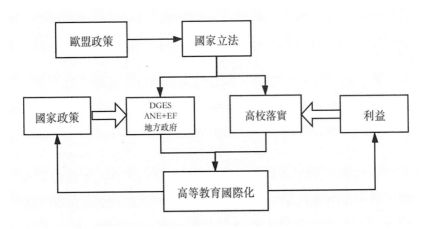

🔈 圖 6-1：葡萄牙高等教育國際化驅動模式

資料來源：作者自行繪製

　　在高等教育國際化實施層面，葡萄牙首先在歐盟政策的基礎上，改革自身原本的高等教育體制，並將其通過立法的形式確定下來，同時明確針對高校、學生和教職人員的各項規定和要求，以及賦予政府相應的權力和義務。政府依據國家在教育、外交和科研等方面的戰略方針來制定相應的政策，並交由教育部門執行，同時還負責對高校的高等教育國際化工作進行監管與合作，以及對各項高等教育國際化活動提供必要的支持。

　　此外，Guerreiro（2015）建議，教育部門還應與駐外使領館和移民管理部門加強合作，為吸引留學生、外國教職人員與研究者開闢「綠色通道」；財務部門應與高校一道簡化並加快學生在繳納學費、辦理稅號方面的程序。因為高等教育國際化的各項工作涉及到社會經濟的許多方面，僅是留學生事務一項就與簽證、移民管理、稅務、房屋租賃等領域

相關，並牽涉到外事部門、出入境管理部門、稅務部門、銀行、房地產
行業和地方政府等，因此高等教育國際化不應該僅由單一部門執行，而
是需要由多部門協同聯動，才能為高等教育國際化的發展提供更多支
持。另一方面，高校依據相關法律進行學制和機構等方面的改革，通過
設立專門處理國際事務的部門、完善課程、教學創新，從而組織更多人
員交流、科研合作和社會活動等高等教育國際化計劃。不僅如此，高校
也可以與地方政府展開合作，為留學生等群體在住宿、接待等方面提供
更好的服務。

　　從因素分析法的角度來說，葡萄牙高校歷來有著很大的自治權，所
以在推動高等教育國際化時有著很強的主動性。上述各項工作能夠為人
員交流、科研合作及國際化層面的志願活動與實習提供較好的保障，而
這些內容正是高等教育國際化的重要實踐。這些實踐的品質決定著高等
教育國際化水平，而隨著其水平的提高，也會帶來諸如高校排名上升、
科研成果豐富、教學品質增強等一系列積極影響。

　　Erasmus 計劃因其涵蓋了學生和教職人員流動、學習或實習交流、
高校合作、志願活動等高等教育國際化中重要的多項工作，成為了歐
盟、政府與高校推動高等教育國際化的共同著力點，在保證葡萄牙高等
教育國際化發展的成果上起到了非常關鍵的作用。

　　因此，葡萄牙設定了高等教育國際化執行模型（見圖 6-2），該模型
的三個關鍵點在於政府的機構執行與高校的設立部門與學制、課程和教
學上的改革、創新。因此，需要在保證目前高等教育國際化水平的基礎
上，對重點領域，例如戰略合作夥伴等計畫追加投資。同時，提高參與
者的人均投資額，最大限度地調動學生和教職人員等高等教育系統參與
者的積極性。另一方面，外事部門、出入境部門和地方政府也在高等教
育國際化的落地實施層面，扮演著重要角色，通過它們之間的加深合作
與簡化辦事程序，不僅便於招攬更多國際學生，也能使得本國學生在赴
國外交流時能省去更多後顧之憂。在高校方面，一些中小規模的高等教
育機構在資助本校交換生方面已經超過了傳統強勢院校，這可以被視為
短期內提升國際化水平的有效途徑。從長期來看，有針對性地優化課程
設置、強化外語教學和從本校重點專業領域出發，拓展校際合作才能使

高等教育國際化的發展走上良性循環。

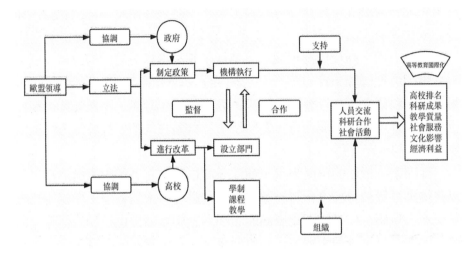

圖 6-2：葡萄牙高等教育國際化執行模型

資料來源：作者自行繪製

　　Erasmus 計劃為葡萄牙高等教育國際化中的參與主體都做出了有針對性的貢獻，為政府在制定高等教育國際化的相關政策時提供了明確的參考，並指明了發展的方向；為高校營造了搭建校際合作的平台，尤其是拓展了中小規模高等教育機構的外部發展空間，一定程度上平衡了它們與大規模綜合類大學之間的教育資源差距，促進葡萄牙各地區的協調發展；為學生提供了更多獲取優質教育資源的機會，更好地滿足它們對高等教育的多樣化需求，同時通過實習交流、志願服務等實踐活動提升他們的就業競爭力，並賦予他們國際化的視野和強化年青一代對歐洲的身分認同感；為教職人員提供了更廣闊的職業生涯發展道路，同時刺激他們提升自己的科研與教學能力，並豐富人際關係；為企業提供了更多創新動力，加快知識從校園到生產的轉換進度。政府、高校、學生與教職人員、企業四個主體之間形成了良性互動。高校從政府獲得了更多支持；學生和教職人員分別得以經由高校之間的合作獲得了更為多樣化的教育資源和更廣闊的職業發展空間，從而提升了個人的工作能力和求職競爭力；企業可以更容易地招聘到高品質、具有國際化思維和多元文化

背景的勞動力，並且經由 Erasmus 計劃所搭建的多組織合作網絡得以更
為便捷地從高校處獲取知識資源，從而增強自身的創新（見圖 6-3）。

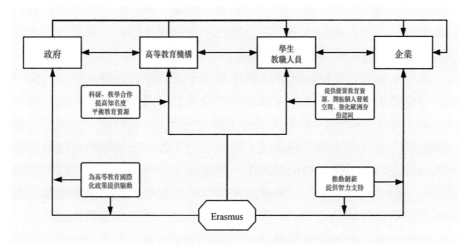

♪ 圖 6-3：Erasmus 推動葡萄牙高等教育國際化發展示意圖

資料來源：作者自行繪製

四、結　語

　　Erasmus 計劃對於個體來說是教育資源的供給者。葡萄牙的高等教
育國際化希望將學生培養成為符合全球化要求的「世界公民」，而
Erasmus 計劃為其創造了許多參與跨國的學習或實習交流、青年活動或
志願服務的機會，鼓勵他們培養自身的國際化視野和跨文化思維，從而
在歐洲乃至全球的勞動力市場中擁有更多的競爭優勢。對於教職人員，
Erasmus 計劃所帶來的教學或實踐交流能夠使其接觸到更多優質科研資
源，為其開拓職業發展空間，積累人脈提供幫助，進而增強國際化教學
的能力。

　　高等教育機構是高等教育國際化發展中的核心環節，高等教育國際
化進程中許多政策、活動的落實都需要高校來推動。對於葡萄牙的高校
來說，Erasmus 計劃不僅作為國際化的教育資源共享平台為其提供了更

多優質的教學和科研資源，同時還將其納入了全球化的高等教育行業互動機制中，有利於葡萄牙各大高校拓展校際合作網絡，從而獲取更好的科研資源，提升教學品質，同時拓寬招生渠道，增加收益。這些因素對於基礎較為薄弱的葡萄牙高校自身發展非常重要，因此，葡萄牙各大高校普遍對高等教育國際化持積極態度。

　　從國家層面上，Erasmus 計劃是葡萄牙從教育方面融入歐洲教育一體化的重要工具，也是提升本國高等教育體系整體國際化水平的有效手段。葡萄牙在 Erasmus 計劃內付出了極大的投入，同時也在人員交流和計劃拓展方面取得了優秀的成績，這對葡萄牙實現在高等教育國際化領域的各計畫起到了很大的推動作用。社會經濟是衡量高等教育國際化成果的一個重要指標。葡萄牙將創新視作實現其經濟增長的重要基礎，而高等教育國際化則是完成這一目標的有效手段。通過高等教育國際化，葡萄牙能夠獲取到更多的科研資源，從而培養高素質人才，打造更適合新技術應用的環境，以吸引更多技術密集型企業的投資或進駐；高等教育國際化也可以通過推動高校與企業之間的人員交流，來加快將知識轉化為生產力的速度。從以上兩個方面共同入手，促進葡萄牙「知識經濟」的發展。

　　高等教育國際化最終還是要落到個體維度來實現。擴大高等教育國際化的受眾面是實現其可持續發展的基礎，而將個體在參與國際化教育活動作為對其評價中的「加分項」，並加大在此方面的經濟扶持力度是非常行之有效的推動手段之一。但由於葡萄牙在此方面預算有限，故不能急於提高國際化經歷在針對個體評價體系中的比重，而應該在保證公平的前提下，為具有國際化教育背景的學生和教職人員，提供更多能夠使其發揮特長的機會，以此逐步提升高等教育中的國際化氛圍，進而從側面豐富葡萄牙高等教育體系中的國際化元素。

　　面對在高等教育國際化中，諸如英語教學的衝擊、教育體制的改革、「馬太效應」式的教育資源不平衡分配等問題，應首先利用好高等教育國際化獲取更多的教育資源、人力資源和投資，爭取在重點科研領域實現突破，從而增強葡萄牙語在學術界的影響力；並且在發展高等教育國際化時，不能完全將其產業化、市場化，而應重視發揮其優化教育

資源的作用，既幫助傳統強勢高校追趕世界前沿的科研與教學發展，也要幫助中小規模高校在其優勢專業領域實現「彎道超車」。在增加預算之外，葡萄牙負責移民事務和外事的相關部門也應與高等教育機構加強溝通與協作，簡化辦事流程，從而促進學生與教職人員的交流。

　　面對實習交流的參與度相比學習交流明顯不足的情況，高等教育機構的負責人應該轉變觀念，在現有考核評價體系中給予實習交流更多正向反饋，而政府相關部門和 Erasmus 計劃的決策部門也應該促進高校與企業之間的合作與對接，為學生參加實習搭建暢通渠道。

✑ 參考文獻

韓穎、賈愛武（2019）。高等教育國際化策略模型研究：述評與展望。高教探
索，12，116-123。

李盛兵、劉冬蓮 （2013）。高等教育國際化動因理論的演變與新構想。高等教
育研究， 12，29-34。

Altbach, P. G. & Knight, J. (2007). The internationalization of higher education:
Motivations and realities. *Journal of studies in international education*, 11(3-4),
290-305.

Cunha, A. & Santos, Y. (2017). *Erasmus' 30. A história do programa e a participação
dos estudantes portugueses.*

de Dakar, U. I. P. (2014). *Análise do sector da educação linhas metodológicas.* Vol. 2:
Análises específica por sub-sectores.

Davies, J. (1992). Developing a Strategy for Internationalization in Universities:
Towards a Conceptual Framework. In Klasek, C. B. (ed.), *Bridges to the Future:
Strategies for Internationalizing Higher Education* (pp. 177-190). Association of
International Education Administrators: Carbondale, Illinois.

Directorate-General for Education, Youth, Sport and Culture (European Commission)
(2020). (rep.). *Erasmus annual report 2019 Statistical Annex.* Retrieved from
https://op.europa.eu/en/publication-detail/-/publication/30af2b54-3f4d-11eb-
b27b-01aa75ed71a1/language-en.

European Commission, Directorate-General for Education, Youth, Sport & Culture,
(2020). *Erasmus+ annual report 2018: statistical annex, Publications
Office.* https://data.europa.eu/doi/10.2766/232936

European Commission, Directorate-General for Education, Youth, Sport & Culture,
(2020). *Erasmus+ annual report 2019 statistical annex, Publications
Office.* https://data.europa.eu/doi/10.2766/431386

European Commission, Directorate-General for Education, Youth, Sport & Culture,
(2021). *Erasmus+ annual report 2020: statistical annex, Publications Office of
the European Union.* https://data.europa.eu/doi/10.2766/038079

Guerreiro, C. M. P. S. (2015). *A internacionalização do ensino superior português: as razões, as estratégias e os desafios (Master's thesis)*. Repositório Científico do Instituto Politécnico do Porto, Porto.

Knight, J. (2005). An internationalization model: responding to new realities and challenges. In De Wit, H., Jaramillo, I. C., Gacel-Ávila, J. & Knight, J. Higher (eds.), *Latin America*. Washington: World Bank.

Knight, J. (2006). *Internationalization of higher education: new directions, new challenges: 2005 IAU global survey report*. International Association of Universities.

Knight, J. & Wit, H. D. (1997). *Internationalization of higher education in Asia pacific countries*.

L, S., Lane, C., Writer, G. & O, C. (n.d.). QS universities rankings-top global universities & colleges. *Top Universities*. Retrieved on 2022.06.03 from https://www.topuniversities.com/university-rankings

OECD (2020). *Gross domestic product (GDP)*. Retrieved on 2022.06.03 from https://data.oecd.org/gdp/gross-domestic-product-gdp.htm

Rudzki, R. (1995). The application of a strategic management model to the internationalization of higher education institutions. *Higher Education*, 29(4), 421-441.

QS Top Universities (2020). *QS World University Rankings 2020*. Retrieved from https://www.topuniversities.com/university-rankings/world-university-rankings/2020

Rudzki, R. (2000). Implementing internationalization: the practical application of the fractal process model. *Journal of Studies in International Education*, 4(2), 77-90.

Rumbley, L. E. (2007). *Internationalization in the universities of Spain: Opportunities, imperatives, and outcomes*.

Teodoro, A., Galego, C. & Marques, F. (2010). Do fim dos eleitos ao Processo de Bolonha: As políticas de educação superior em Portugal (1970-2008). *Ensino Em-Revista*, 17(2), 657-691.

Tindemans, L. (1976). *Bulletin of the European Communities, Supplement 1/76*. Retrieved July 21, 2022, from http://aei.pitt.edu/942/1/political_tindemans_report.pdf.

Vale, M., Cachinho, H. & Morgado Sousa, P. (2018). *A internacionalização do Ensino Superior português no âmbito do Erasmus: 2014-2016.*